만주벌의 항일영웅 김좌진

박 환

도서출판선인

만주벌의 항일영웅 김좌진

초 판 1쇄 발행 2010년 4월 20일
개정판 1쇄 발행 2016년 4월 15일

저 자 ▮ 박 환
펴낸이 ▮ 윤관백
펴낸곳 ▮ 〼 _{도서출판}선인

등 록 ▮ 제5-77호(1998. 11. 4)
주 소 ▮ 서울시 마포구 마포동 324-1 곳마루B/D 1층
전 화 ▮ 02)718-6252/6257
팩 스 ▮ 02)718-6253
E-mail ▮ sunin72@chol.com

정가 ▮ 20,000원
ISBN 978-89-5933-970-9 93990

▲ 백야사 전경

　　만주벌의 항일영웅 백야 김좌진. 김좌진처럼 이름은 누구나 다 알 정도로 널리 알려져 있지만, 그만큼 그의 일생이 정확하게 알려지지 않은 인물도 보기 드물다. 물론 지금까지 김좌진에 대한 전기들이 출간되지 않았던 것은 아니다. 그러나 대부분 역사학적 측면보다는 문학적 측면이 강했기 때문에 김좌진의 일생과 그의 항일 업적을 정확하고 충분하게 설명해 주기에는 한계가 있었다.

　　이에 필자는 역사학계의 연구 업적을 바탕으로 하여 모든 사람들이 공감할 수 있는 김좌진 장군의 민족운동과 그의 인간적인 면모를 밝혀보고자 한다. 특히 본서에서는 김좌진 장군의 항일투쟁적 면모와 더불어 일반 대중들의 대중적 · 민족적 지도자로서 끊임없이 고민하고 노력하며 자신의 삶의 노선과 방향을 수정해가는 '청년' 김좌진의 모습에 주목하고자 한다. 이것이 바로 인간 김좌진의 진면목이라고 판단되기 때문이다. 김좌진 장군이 민족지도자로서 대중의 강력한 지지를 받을 수 있었던 것은 청산리전투를 승리로 이끈 항일영웅이었기 때문만은 아니었다. 항상 시대의 변화와 일반 대중의 아픔에 민감하고 이를 적극적으로 받아들이려는 마음자세를 가지고 있었기 때문이었다.

　　본서에서 필자는 백야 김좌진의 삶과 노선을 올바로 파악하기 위해 그동안 이뤄진 수많은 연구 성과들과 새로운 자료들을 재검토하였다. 이를 통해 그의 참 모습에 보다 가까이 접근하고자 했다. 아울러 독자들이 그에게 다가가는 발걸음이 한결 가벼워질 수 있도록 쉬운 문체로 이야기를 풀어가고자 했으며 다수의 사진 자료를 제공하고자 하였다.

　본서는 기본적으로 기존에 필자가 간행한 『김좌진 평전』(선인, 2010)을 수정·보완한 것이다. 본서의 간행에는 여러분의 도움이 있었다. 먼저 동학인 김형목, 황민호, 조규태, 성주현 교수께 고마운 마음을 전하고 싶다. 아울러 사진을 제공해 준 조준희 선생님, 홍주성역사관 학예사 조남존 선생님 그리고 독립기념관에 감사드린다. 또한 책자 간행에 도움을 준 선인출판사 윤관백 사장, 박애리 실장, 이경남 팀장, 그리고 항상 교정·교열 등 책의 완성도를 높이는 데 큰 도움을 준 김은혜님께도 인사를 드린다.

2016년 4월 문화당에서

청헌 박 환

| 차 례 |

| 들어가기에 앞서 |

‒ 그동안 김좌진에 대한 연구는 얼마나 진행되었을까?

일제가 조선을 강점한 1910년부터 1945년 해방이 되기까지 활동한 수많은 항일투쟁운동가들 중에서도 김좌진은 유독 익숙한 이름이다. 김좌진은 청산리전투를 승리로 이끈 대표적인 민족운동가이자 무장투쟁운동가로서 우리에게 널리 알려져 왔다.

그 결과 청산리전투와 관련한 김좌진에 대한 연구(신용하, 한국민족독립운동사연구, 1985 ; 박영석, 「백야 김좌진 장군 연구」, 1994), 1920년대 중반 이후 북만주에서 김좌진이 주도적으로 활동한 신민부, 한족총연합회 등에 대한 연구(박환, 신민부 · 한족총연합회, 1991 ; 황민호, 「북만에서 쓰러진 항일무장투쟁의 거인」, 2007)들은 많이 이루어져 왔다. 그리고 중국학자에 의하여 김좌진의 암살에 대한 새로운 견해가 제시되기도 하였으며(박창욱, 김좌진장군의 신화를 깬다, 1994), 2000년 8월에는 청산리전투 승전 80주년 및 2000년 8월 문화인물 선정 기념 학술회의가 개최되기도 하였다(조규태, 김좌진장군의 항일운동의 연원 ; 신용하, 김좌진 장군과 청산리독립전쟁 ; 박환, 북만주에서의 김좌진의 항일독립운동 ; 원성희, 항일독립운동에 있어서의 김좌진장군의 위상).

이와 같은 연구들로 인해 항일운동가 김좌진에 대해서는 상당 부분이 밝혀졌다. 따라서 앞으로는 이를 토대로 지금까지 제대로 밝혀지지 않았던 김좌진의 러시아지역에서의 활동, 귀만(歸滿) 이후 신민부 조직 이전의 활동, 러시아공산당과의 관계, 재만한인사회와의 관계, 일본 · 중국 · 러시아 등의 대한인정책 사이에서 독립운동을 전개하기 위하여 고뇌했던 김좌진의 모습, 국내와의 관계 등이 사실적인 차원에서 보다 구체적으로 밝혀질 필요가 있다고 생각된다. 이와 함께 청산리독립전쟁 등 일본군과의 전투에서 그가 이룬 승리에 대한 내용들도 보다 객관화될 필요가 있다. 또한 김좌진의 투쟁노선, 정치이념 등 그의 사상과 노선 등에 대해 새롭게 평가해보는 시도들도 필요할 것이다.

이렇게 남겨진 과제들을 위해서도 지금 이 책이 시도하고자 하는 인간 김좌진에 대한 접근은 상당히 중요하다고 할 수 있다. 앞서 살펴본 것처럼 지금까지 이루어진 연구들은 거의 독립운동가 김좌진에만 모든 초점이 맞추어져 있었다. 널리 퍼진 그의 명성과는 달리 김좌진 개인에 대한 연구는 그리 방대하게 이루어지지 못했던 것이다. 어찌 보면 우리는 그동안 거꾸로 그를 만나온 셈이 된다. 즉, 그동안은 민족운동가 김좌진을 통해 인간 김좌진을 보려 했다고 할 수 있다. 이제는 순서에 맞게 인간 김좌진을 앎으로써 그가 이룬 업적과 행동들을 이해해야 한다. 따라서 이 책은 김좌진이라는 인물의 삶을 총체적으로 살핌으로써, 불분명하여 논란이 되었던 사실이나 그의 업적을 보다 올바르게 전하고자 한다.

그럼 지금부터 그동안 밝혀지지 않았던, 또는 그동안 제대로 그려지지 못했던 인간 김좌진을 만나보기로 하자.

— 이 책은 각 장의 맨 뒤에 필요에 따라서 '사진마당'과 '자료마당'이라는 이름의 코너를 마련해 두고 있다. 여기에는 그 장에서 다룬 내용들을 보충하는 사진 및 자료들이 실려 있다. 구체적으로 '현재'에 초점을 맞춰 현재 그와 관련한 것은 어떠한 모습인지를 알 수 있게 하는 자료, 그동안 제대로 알려지지 못했던 다양한 자료들이 수록되었다. 따라서 이를 잘 활용한다면 각 장의 내용을 보다 풍성하게 이해할 수 있을 것이다.

— 이 책의 자료들은 처음에는 모두 원문 형태로 제시하고자 하였으나, 그렇게 될 경우 일반 독자들에게 난해하게 읽혀질 우려가 있어 약간의 정리를 하여 제시하는 것으로 방향을 수정하였다. 따라서 본문에 실린 신문기사나 판결문 등 인용의 경우, 문장의 흐름상 또는 현재의 어투상 전달 부분에 있어 정리가 필요한 부분에 한해 약간 손을 보았다.

▲ 김좌진장군 생가지 안내도

김좌진의 순국 당시를 생생히 전해주는 「삼천리」의 기사들

나혜국은 김좌진의 후처로, 아래의 자료는 그녀가 김좌진 장군이 암살된 이후 남매들과 함께 서울에 잠시 머물렀을 당시에 그녀를 찾아왔던 한 기자에 의해 쓰여진 것이다. 『삼천리』는 국사편찬위원회 홈페이지 한국사데이터베이스(http://db.history.go.kr/)에서 확인이 가능한 자료이기 때문에 여기에서는 편의를 위하여 현행 맞춤법에 따라 최소한의 수정을 보았다. 다소 긴 내용이긴 하지만, 김좌진 장군의 죽음과 관련한 많은 이야기들이 담겨 있어 자료마당을 통해 소개하고자 한다.

삼천리 제4권 제3호(1932년 3월 1일 발행)

남편 김좌진의 초혼, 미망인 나혜국 여사의 방문기

일기는 늦은 봄 같아서 음력 설을 맞이하는 서울 장안 사람들의 기분을 한층 더 명랑스럽게 하더니 갑자기 하늘빛이 곱지 못하고 거리에 침울한 기색이 떠돌면서 찬 눈비가 섞여 내리던 ― 음력 설이 지난 지도 이틀을 지난 ― 날이었다.

오바의 예리를 높이 올리고 음산한 거리를 거쳐 와룡동 뒷골목에 있는 문이동 21번지 ― 며칠 전에 귀국하신 김좌진 씨 미망인 나혜국 여사 ― 를 방문하던 때는 정오도 지나서 오후 2시 반이나 되는 때였다.

대문 안에 들어서니 한 세간이나 두 세간이 사는 집 같지 않고 여러 살림이 모여 산다는 것을 알 수가 있었으므로 마당에 서 있는 웬 부인에게 며칠 전에 만주에서 오신 부인이 여기 있느냐고 물었더니 내가 서 있는 곳과 제일 거리가 가까운 방을 가리키면서 바로 그 방이라고 손짓한다. 의심없이

"계십니까?" 하고 주인의 대답을 기다리던 나의 기대와는 어그러졌으니 다 떨어진 조그만 창의 구멍에 틀어박은 검정 헝겊을 살짝 빼고 웬 사람의 눈동자만 까맣게 보였을 뿐이고 아무 대답도 없다. 기자는 또 한 번 다시,

"계십니까?" 하고 소리를 쳤다. 그제야 문이 좀게 열리면서 어린애를 안은 부

김좌진
무엇을 기억할 것인가? **1**장

이 번 장에서는 김좌진 장군의 항일운동과 사상을 간략하게 요약하여 살펴본 후, 그가 우리 역사에서 차지하는 역사적 위상을 확인해보려 한다.

1. 항일운동과 사상

김좌진의 항일운동은 크게 세 시기로 나누어 설명할 수 있다. 첫 번째는 국내에서의 애국계몽운동시기이다. 김좌진은 향리에 호명학교를 세워 민족의식 고취에 앞장섰으며, 기호흥학회 등에도 가입하여 계몽운동을 통한 국권의 회복에 심혈을 기울였다. 두 번째는 1910년대 국내에서의 독립운동시기로서 대표적인 활동으로는 독립운동기지 설치를 위한 군자금 모금활동과 대한광복회에서의 활동을 들 수 있다. 세 번째는 만주로 망명하여 무장투쟁을 적극적으로 전개했던 시기이다. 길림군정사, 북로군정서, 대한독립군단, 신민부, 한족총연합회 등에서의 활동이 이 시기의 대표적인 활동에 포함된다. 정리하자면, 김좌진의 항일운동은 '국내에서의 애국계몽운동', '군자금 모금활동', 그리고 '국외에서의 무장활동'으로 요약될 수 있다.

김좌진의 사상에도 세 번의 변화가 있었던 것 같다. 먼저 구한말과 1910년대 전반기까지는 전통적인 유학의 바탕 위에 근대적인 사상이 가미되었던 것으로 보인다. 그리고 김좌진은 1910년대 후반부터 1920년대 후반까지는 대종교적 민족주의 사상을 가지고 있었다. 그는 계급보다는 민족을 강조했고, 단군을 정점으로 배달민족을 강조하는 입장이었던 것이다. 이 시기에 그는 근대적인 공화주의사상도 가지고 있었다. 북로군정서와 신민부에서의 활동은 이러한 사상을 배경으로 이루어진 것이었다. 다음으로 1920년대 후반에는 무정부주의사상을 민족적인 차원에서 수용하였던 것 같다. 그는 공산주의에 효과적으로 대응하고 재만한인의 적극적인 지지하에 독립운동을 전개하기 위해서는 자유연합에 기초한 생각을 가져야 한다고 인식하였다. 때문에 그는 재만조선무정부주의자 연맹과 연합하여 한족총연합회를 결성하였던 것이다. 그러나 결국 이것이 화근이 되어 김좌진은 조선공산당 만주총국의 박상실에게 암살당하였다.

김좌진은 사상적으로 깨어있는 인물이었다. 그런 그였으므로 항일투쟁에 적합한 사상을 받아들여 이를 실천하려고 항상 노력하였던 것이다. 김좌진은 동포들과 국가를 위하여 힘쓴, 시대정신에 투철하였던 실천적 혁명가였다.

2. 역사적 위상

김좌진은 한국독립운동선상에서 볼 때 다음의 몇 가지 측면에서 주목된다.

첫째, 김좌진은 1889년 신분적으로는 조선 말 충남 홍성지역의 명문가에서, 경제적으로는 2,000석의 재산을 가진 지주 집안에서 출생하였다. 그러므로 만약 김좌진이 시대에 영합하여 자신의 안위만을 생각하였다면 일생을 편안하게 잘 살 수도 있었다. 그러나 그가 현실과 타협하지 않고 국내외에서 다양하게 항일독립운동을 전개하였다는 점은 일차적으로 그를 높이 평가하게 한다.

둘째, 김좌진은 대표적인 무장투쟁가로서 그 의미가 크다. 1910년 일제에 의하여 조선이 강점된 이후 다양한 독립운동 방략이 제시되었다. 만주지역으로 망명한 인물들은 대체로 무장투쟁론을 주장하였는데, 그 무장투쟁을 현장에서 실제로 수행한 대표적인 인물이 바로 김좌진이었다. 김좌진이 채택한 무장투쟁론은 3·1운동 이후 재만동포들의 적극적인 지지하에서 추진되었으며, 그는 무장투쟁을 바탕으로 하여 항일독립운동사상 가장 대표적인 전투로 손꼽히고 있는 청산리독립전쟁을 승리로 이끌기도 하였다. 특히 이 전쟁에서의 승리는 단순한 의미에서의 승리를 넘어 한국민들에게 민족적 자긍심을 심어주고, 일제와 전투하여 이길 수 있다는 강한 자신감을 심어주었다는 측면에서 높이 평가받고 있다.

셋째, 김좌진은 해방 후 건설될 국가상까지 염두에 두고 독립운동을 전개하였다는 점에서 주목된다. 시작은 대종교적 민족국가의 건설이었다. 그러나 그는 대한제국과 같은 군주국가를 꿈꾸지는 않았다. 그는 대종교적 공화주의를 추구하였던 것이다. 아울러 1920년대 후반에는 대종교적 무정부주의 국가를 추구하여 공산주의에 대항하면서 농민들의 지지를 받을 수 있는 방향으로 민족국가론을 변경시켜 나갔다. 이러한 측면에서 김좌진은 매우 현실적인 전략가였다고 할 수 있다. 즉, 김좌진은 시대의 변천에 따라 운동 방략을 변화시킬 줄 아는 능동적인 항일운동가였던 것이다. 한 예로 그는 1920년대 후반 신민부의 내분, 조선공산당 만주총국의 활동 등으로 재만동포들이 자신의 세력 기반인 신민부에서 이탈하기 시작하자 무정부주의자들과 연합하여 한족총연합회라는 자유연합이론을 주장하는 단체를 조직하였다. 이 단체를 중심으로 재만한인의 지지를 확보하고자 하였던 것이다.

넷째, 김좌진은 독립군 간부의 양성과 군비의 확충 및 친일파에 대한 공격과 국내 진격 작전 등을 적극적으로 추진하였다는 점에서 주목된다. 그는 북로군정서 사관학교, 신민부의 성동사관학교의 설치를 통하여 끊임없이 독립군을 양성하기 위해 노력하였다. 뿐만 아니라 백야는 한인사회의 안정을 위해 적극적인 교육활동을 전개하기도 하였는데, 1927년 10월 25일 신창학교의 개교는 이러한 상황의 반영이었던 것으로 생각된다.

다섯째, 김좌진은 신민부시절 무장투쟁에 치중한 결과 동포들의 자치와 경제적 안정에 관심을 기울이지 못하였다. 그 결과 신민부가 군정파와 민정파로 나뉘는 아픔을 겪기도 하였다. 그러나 그는 이에 굴하지 않고 3부통합운동과 혁신의회의 결성을 통해 민족진영의 독립운동세력을 규합하고자 하였다. 아울러 이를 바탕으로 강력한 항일독립운동과 재만한인사회의 안정을 위해 노력하고자 한 점이 높이 평가된다.

김좌진은 1910년대 만주로 망명한 이후 그가 순국할 때까지 단 한 차례도 무장투쟁의 현장을 떠나지 않은 진정한 현장의 투사였다. 그에게도 대한민국 임시정부의 중요 직책을 맡으라는 제의가 있었고 또한 현장을 떠나 상해 등 중국관내로 이동할 기회가 주어지기도 했다. 그러나 그는 초지일관 독립 운동의 현장에서 독립군들과 생사고락을 함께 하였던 것이다. 그리고 조국 의 독립을 위하여 무정부주의세력 및 중국 국민당정부 나아가 소련과도 연 계하여 투쟁하고자 한, 이념을 초월한 독립운동가였음이 주목되어야 할 것 이다.

김좌진의 역사적인 위상은 당시 그가 암살당한 후 국내언론에서 그를 추 모하는 특집기사와 그의 암살 관련 보도기사를 끊임없이 게재한 것만 보더 라도 쉽게 확인할 수 있다. 이는 백야의 죽음을 가장 강력한 항일무장투쟁을 전개했던 민족지도자의 죽음으로 인식하고 크게 애도한 당시 사회의 분위기 를 반영하고 있는 것이기 때문이다.

유가족, 장례,
그리고 그를 기리는 마음들 **2**장

김 좌진 장군의 독립운동은 우리민족에게는 더없이 큰 선물이었지만, 정작 그의 가족들에게는 생활고 등의 현실적인 고통을 가져다주었다. 그가 떠나자 남겨진 가족들의 생활은 더욱 막막해졌고, 상황이 이와 같았기 때문에 김좌진 장군의 가족들에게 막대한 비용이 따르는 그의 장례 문제는 큰 걱정일 수밖에 없었다. 이번 장에서는 이렇게 남겨졌던 김좌진 장군 가족들의 당시 동향, 그의 장례 진행과정, 그리고 김좌진 장군의 묘가 현재의 위치에 이르기까지의 일련의 과정 등을 살펴보고자 한다. 이와 함께 그의 죽음을 안타까워한 고국의 분위기를 알아보기 위해, 이것이 반영되었다고 할 수 있는 그에 대한 추모기사를 간략하게 살펴보고자 한다. 지면의 한계상 모든 신문의 기사를 다룰 수는 없기에 대표적으로 『동아일보』와 『중외일보』의 기사 제목을 중심으로 그 대강의 분위기를 살펴보겠다.

1. 김좌진 장군이 순국한 이후 가족들은 어떠한 모습이었을까?

▲ 김좌진 장군의 가족 사진 (좌로부터 김을동, 김두한 부인 이재희 여사, 장군의 모친 한산 이씨, 장군의 부인 오숙근여사)

　김좌진 장군이 사망했을 당시 그의 가족들은 각지에 흩어져 있었다. 우선 어머니 이씨와 그의 부인 오숙근 여사, 그의 어린 딸, 그리고 김좌진 장군의 동생 김동진은 북만주 석두하자 역에서 15리 정도 떨어진 팔리지(八里地)에 있었다. 한편 그의 후처 나혜국과 자식들은 산시의 금성정미소 인근에 있었으며, 김계월에게서 낳은 김두한은 국내 원산에 있었던 것으로 추정된다. 이와 같이 추정하는 이유는 김두한의 어머니인 김계월이 당시 원산의 한 요리집에서 일하고 있었기 때문이다.

　아래 신문자료들은 김좌진이 피살된 이후 그의 가족들의 동향을 자세히 보여주고 있다. 우리는 이를 통해 남겨진 그의 가족들에 관한 여러 가지 사실들을 확인할 수 있다. 먼저『조선일보』의 기사를 날짜 순서대로 하나하나 살펴보자.

위의 기사는 김좌진이 암살되었을 당시 고향인 홍성에는 아무도 없었고, 그의 어머니인 이씨와 본 부인 오숙근 여사가 그 이전에 김좌진을 따라 북만주에 가 있었다는 사실을 확인시켜 준다.

위의 기사는 당시에 김좌진의 노모, 그의 부인 오숙근 여사 그리고 10여 세였던 그의 딸 옥남이가 만주에 있었고, 김계월에게서 낳은 10여 세 된 아들 김두한은 원산에 있었다는 사실을 확인시켜 준다. 또한 이 기사를 통해 우리는 당시 그의 가족들이 어려운 형편으로 장례 준비마저 힘든 상황이었는데, 이러한 사정을 안 그의 친지들과 그를 사모하던 이들이 부의금을 모아 도왔다는 것을 알 수 있다.

쓸쓸하게 남겨진 초라한 집

김좌진의 친모와 부인은 중동선 석두하자역에서……십오리가량 가서 팔리지라는 쓸쓸한 ……야옥에 있다가 그 참혹한 비보를 받았다.……그 친모 이씨는 연세 68세이며, 부인 오씨는 44세, 딸 석한은 2세이며, 동생 동진은 44세이더라.

『조선일보』 1930년 2월 18일자

위의 기사는 북만주 석두하자 지역에서 15리 정도 떨어진 팔리지에 친동생 김동진도 함께 있었다는 사실을 확인시켜 주는데, 이날의 기사는 아래와 같은 내용도 보도하고 있다.

애첩 나혜국에게 남매 있어

김좌진의 부실(副室) 나혜국은 29세이며, 그 부인에게 출생한 딸 석출(石出)은 5세이며, 차남 극한은 2세인데 지금 중동선 산시참에 있다더라.

『조선일보』 1930년 2월 18일자

우리는 이 기사를 통해 부실 나혜국과의 사이에서 낳은 당시 5세였던 딸 석출과 당시 2세였던 아들 극한(철한)이 있었다는 사실을 알 수 있다. 다음으로 『동아일보』의 기사를 살펴보자.

김좌진 씨의 양자는 안성에 거주하고 있고, 그의 가족은 지금 전부 길림성 모처에 있다 한다. 그의 70세 노모와 그의 아내, 그의 아우 김동진 씨를 합하여 세 식구가 있다 하며, 김동진 씨의 아들로 김좌진 씨의 양자가 된 김문한(金文漢) 씨는 목하 안성읍내 그의 외조모 오세선(吳世善) 씨의 집에 있으며, 김좌진 씨의 백씨인 고 김경진 씨의 가정은 지금 시내 연건동 278번지에 있는데, 김경진 씨도 수년 전에 별세하고 그의 장남 김필한(金弼漢) 씨의 가족이 산다고 하며, 시외 모처에 씨의 서자 한 사람이 있을 뿐이라는데, 만주에 있는 그의 가족들은 의지할 곳도 없게

되었다 한다.

『동아일보』 1930년 2월 13일자

위의 기사는 김좌진이 암살당했을 당시 그의 양자 김문한이 안성읍내 그의 외조모 오세선의 집에 있었다는 사실을 말해주고 있는데, 이 기사는 이어서 김문한과의 문답을 다음과 같이 보도하였다.

> **흉보를 듣고 아연실색한 양자 김문한 씨**
> *김좌진 씨가 별세하였다는 흉보를 가지고 안성읍내 외조모 집에 묵고 있는 김좌진 씨의 양자 김문한 씨를 찾은즉, 김문한 씨는 전혀 그런 소식을 못 들었다는 기색으로 깜짝 놀라며, "내게는 아직 아무 소식이 없습니다. 편지가 오랫동안 오지 않아 어떻게 된 일인가 하고 매우 궁금해 하며 지내던 중입니다. 여하간 빨리 상경하여 좀 자세히 알아보겠습니다만은 어떤 자의 저격으로 그가 사망하였다고 하니, 가친께서는 좀처럼 남에게 감정을 사시는 일이 없기 때문에 그럴 것 같지는 않습니다. 반대파의 저격설은 믿을 수 없는 일입니다"라고 말하였다.*

『동아일보』 1930년 2월 13일자

위의 기사에 따르면, 김문한은 당시 김좌진이 암살당하였다는 사실을 기자의 방문을 통해 처음으로 듣게 되었고 이에 몹시 당황하였다. 그리고 그는 김좌진의 평소 성격으로 볼 때 그가 반대파에 의해 죽음을 당하였다는 것은 전혀 믿을 수 없는 일이라는 반응을 보였다.

지금까지 살펴본 여러 신문기사를 통해 확인할 수 있었던 것처럼 그의 가족들은 우리가 아는 항일영웅 김좌진 장군의 빛나는 명성에는 어울리지 않을 정도로 어려운 환경 속에서 삶을 살아갔다. 그 어느 누가 자신의 가족을 소중히 여기지 않겠는가? 앞서 확인했듯이 김좌진 역시 노모에 대한 효성이 지극하고 어린 자녀에 대한 정이 깊었던, 그 누구보다 가족을 소중히 여긴 가장이었다. 그런 그가 자신의 소중한 가족을 뒤로 하고 나라를 되찾는 독립운동에만 매진하였던 것이다. 그 마음이 어떠하였을까? 나라를 되찾는 것이 결국은 사랑하는 가족을 위한 일이라고 스스로를 위로하며 슬픔을 달래지는 않았을까? 어쩌면 청산리독립전쟁의 숨겨진 영웅은 대의를 위한 김좌진 장군의 뜻을 헤아리고 기꺼이 희생을 감수했던 그의 가족들이 아니었을까 생각해 본다.

2. 장군의 장례와 추모

그의 마지막 길

한족총연합회에서는 1930년 1월 27일 상오 10시에 중동선 산시참에서 백야 김좌진 장군의 장의 준비회를 개최하였다. 이 준비회에는 총 70여 명이 출석하였는데, 장의는 사회장으로 하기로 결정하고 다음과 같이 부를 나누었다. 장례 총책임자인 주석은 권화산(權華汕)이, 서무는 전명원(全明源)·이지산(李之山)·이달(李達)이, 의무부는 오수성(吳水性)·권중국(權重國)·최심한(崔心漢)·현동은(玄東殷)·조각산(趙覺山) 등이, 재무부는 송태준(宋泰俊)·박영순(朴榮順)·한승용(韓升龍)·송수산(宋秀山)·방태호(方泰浩) 등이 담당하였다. 그 외 설비부, 접대부 등을 두었다.

약간의 내용상의 차이는 있지만, 아래의 『동아일보』 1930년 2월 13일자 기사는 그의 장례와 관련하여 위의 사실을 확인시켜 준다.

◀ 김좌진 장군 장례식

동지 등 발기로 장의준비회 사회장 거행을 결의

신민부의 수령……백야 김좌진 씨가 돌연한 피해에 대하여 북만에 있는 조선사람 유지 95인이 모여 지난 1월 27일 상오 열 시경에 중동선 산시역 부근에서 장의 준비회를 열고 장의를 사회장으로 할 것을 결의한 후, 장식일과 비용과 장의방법 기타에 대하여는 각 부 임원에게 일임하기로 결정하였다 하며, 보통 통신처와 서류통신처는 다음과 같이 작성하였다 한다.

보통통신처 = 중동선 산시참 한인학교 내 전명원(全明源)

서류통신처 = 중동성 해림참 한인학교 내 이원산(李元山)

『동아일보』 1930년 2월 13일자

사회장으로 치뤄진 김좌진 장군의 장례는 그가 순국한 지 약 100일 만에 거행된 것으로 이때 방문한 조문객이 1,000여 명에 달했다고 한다. 김좌진의 시신은 그의 집 뒤편에 임시로 보관되었다가 장례에 맞추어 자경촌으로 옮겨져 매장되었다.

이렇게 마련된 그의 묘소는 그를 보필하던 동지들이 보초를 세워가며 보호하였다. 그러던 중 몇 년 후 자경촌(현재 신흥촌)으로 일본인이 이민을 온다는 소식이 들리기 시작했고, 이에 그의 유해를 고향으로 반환하기로 결정하였다. 이를 위해 김좌진이 순국한 후 고향으로 귀국했던 김좌진의 본 부인인 오숙근 여사가 다시 만주로 왔다. 산시에서 옛 전우들과 부하들이 이를 위한 의논을 하였고, 그 계획에 따라 김좌진의 유해는 1934년 박물장수로 가장한 부인 오숙근 여사에 의해 고국으로 들어오게 되었다. 이때 유해는 그의 고향인 충남 홍성에 밀장되었다. 이후 1957년 오숙근 여사가 타계하자 장군의 아들 김두한이 그의 유해를 충남 보령 현재의 묘소에 합장하여 현재까지도 그는 이곳에 잠들어 있다.

▲ 오숙근 여사

▲ 김좌진 장군 묘소(충남 보령군 소재)

그를 기리는 마음들-『동아일보』와 『중외일보』에 실린 추모기사를 중심으로

　　　　김좌진 장군의 죽음은 많은 이들에게 슬픔을 안겨주었다. 당시 신문들에는 이러한 슬픔을 고스란히 느낄 수 있게 하는 추모글들이 연이어 실렸는데, 이번 절에서는 이 추모글들을 살펴보려 한다. 지면의 한계상 모든 신문의 추모기사를 일일이 다 다룰 수는 없기 때문에 당시의 대표 언론이라 할 수 있는 『동아일보』와 『중외일보』의 기사 제목을 중심으로 그 대강의 분위기를 살펴보겠다. 다음의 표는 이 두 신문에 게재되었던 김좌진 장군 관련 추모기사의 제목들을 날짜와 내용별로 정리한 것이다.[1]

신문	날짜	기사 제목	비고
동아일보	1930.2.4	幼年부터 武藝絶人 豪膽과 俠氣의 四十平生 어릴때부터 아이모아 전쟁작난 오 여호 노복도 자유해방 했다.	故白冶 金佐鎭 種種揷話(一)
동아일보	1930.2.15	庚戌政變에 不平품고 光復團 朴尙鎭과 關係 밥은 통으로 술은 대접으로 먹엇스며 탑동공원 뒷문도 문나히 뛰어 넘었다고	故白冶 金佐鎭 種種揷話(二)
동아일보	1930.2.16	川營月下摩力客鐵寨風外?馬人 눈싸힌 북간도 벌판에서 혈전 계속 밤에 잠 한잠 자지안흔 절륜의 정력	故白冶 金佐鎭 種種揷話(三)

---

1) 본 기사내용의 발췌는 국사편찬위원회 홈페이지 탑재되어 있는 『동아일보』와 『중외일보』의 내용을 기준으로 하였다.

▲ 산시진 신흥촌　　　　　　　　　　▲ 김좌진 장군의 첫 번째 묘소

동아일보	1930.2.18	國際共産黨도 聯絡 實力養成의 屯兵田 공사와 사사를 확연하게 구별하야 우애깁혼 동생도 잘못하면 엄벌해	故白冶 金佐鎭 種種揷話(四)
중외일보	1930.2.15	幼時의 理想도 武將, 40년간 東馳西驅, 어려서부터 말타기, 진치고 놀기, 15세에 집안의 종들을 자유해방	長逝한 김좌진 일생(1)
중외일보	1930.2.16	이창양행을 설립, 만주 웅비의 서막, 십오살에 사립호명학교를 설립, 십팔살에 조직적 계획에 착수해	長逝한 김좌진 일생(2)
중외일보	1930.2.17	「창검을 비켜 들고 광야에 나서보니……」, 부호 이명 살해한 광복단 사건 후 표연히 만주로 목숨을 가지고 도망	長逝한 김좌진 일생(3)
중외일보	1930.2.18	군정사 창립, 군사운동의 기초, 기미년 만주로 망명한 동지와 악수, 놀라운 소식을 전하던 운동의 기초	長逝한 김좌진 일생(4)
동아일보	1930.2.13	兇報를 確傳하는 白冶 金佐鎭計音 北滿○○運動者의 巨頭 四十二歲를 一期로, 復團組織 新民府統率 해외풍상은 년이 넘엇다. 波瀾重疊한 그 一生, 同志 等 發起로 葬儀籌備會 社會葬擧行을 決議, 七十老母와 膝下엔 幼子뿐 가족의 의지할 곳도 업다 養子는 安城에 居住, 怪力과 大飮大食 九尺長身의 巨人 열장정이 들지도 못하는 두경을 혼자서 어렵지 안케 들고 노코해 長姪 金㻶漢氏 夫人談, 兇報듯고 愕然失色 養子 金文漢氏 평소성격은 매우 원만했다. 反對派 狙擊은 虛傳인 듯	
동아일보	1931.2.11	故金佐鎭氏 追悼會禁止(元山)	
동아일보	1931.9.11	故 金佐鎭氏 下手人 朴尙實에 死刑 判決, 阿城縣 護路軍에게 逮捕되어 執行次로 奉天에 押送	
중외일보	1930.2.24	배후에서 권총으로 김좌진에 하수한 金一星, 어려서부터 불량한 성질의 소유자, 비열하게 등 뒤로부터 권총을 발사, 성행 불량한 그의 내력	
중외일보	1930.4.22	고 자야 김좌진 사회장 성대 거행, 중국 관공서 대표와 각 단체 참석, 중동선 산시점에서	

표에서 볼 수 있듯이 『동아일보』와 『중외일보』에서는 그의 죽음을 애도하는 추모기사를 반복적으로 게재하였다. 우리는 기사의 제목만으로도 그 내용을 대강 짐작해 볼 수 있다.

우선 그의 행적과 관련하여 『동아일보』는 백야가 고향에서 노복을 해방하였으며, 눈 쌓인 북간도 벌판에서 혈전을 감행하였고, 공사를 확연히 구분하여 우애 깊은 동생도 잘못하면 엄벌하였다고 보도하였다.

『중외일보』의 경우에도 백야가 사립 호명학교를 설립하였다는 사실과 집안의 종들을 해방한 일, 그리고 국내에서는 광복단에서 독립운동을 전개하였고 이후 만주로 망명하여 운동 초기에 '놀라운 소식'을 전해 주었다고 보도하였다.

▲ 김좌진 장군의 죽음이 끼칠 파장을 염려하여 일제는 그를 기리는 추모기사의 대부분을 삭제하였다(중외일보 1930년 2월 19일자).

이 밖에도 『동아일보』에서는 암살범 박상실이 아성현(阿城縣) 호로군 (護路軍)에게 체포되어 사형판결을 받았다는 기사를 보도하였으며, 『중외일보』 또한 백야를 직접 암살한 것이 김일성이라는 보도기사와 함께 김좌진 장군의 장례식이 사회장으로 중국관공서 대표와 각 단체가 참여한 가운데 중동선 산시에서 성대하게 거행되었다는 기사를 실었다.

김좌진 장군이 순국한 이후 있은 이 같은 국내 언론의 보도 경향이나 그 양으로 볼 때 '백야 암살사건'이 국내

외의 일반인들은 물론 각 독립운동 세력들에게 커다란 충격을 주는 사건이었다는 것을 짐작해볼 수 있다. 또한 이는 당시 백야에 대한 대중적 관심과 존경 그리고 그의 영향력이 얼마나 큰 것이었는지를 미루어 알 수 있게 한다.

▲ 김좌진 장군 사당

▲ 한중우의 공원 전시실에 마련된 백야 김좌진(중국 해림)

김좌진의 순국 당시를 생생히 전해주는 『삼천리』의 기사들

나혜국은 김좌진의 후처로, 아래의 자료는 그녀가 김좌진 장군이 암살된 이후 남매들과 함께 서울에 잠시 머물렀을 당시에 그녀를 찾아왔던 한 기자에 의해 쓰여진 것이다. 『삼천리』는 국사편찬위원회 홈페이지 한국사데이터베이스(http://db.history.go.kr/)에서 확인이 가능한 자료이기 때문에 여기에서는 편의를 위하여 현행 맞춤법에 따라 최소한의 수정을 보았다. 다소 긴 내용이긴 하지만, 김좌진 장군의 죽음과 관련한 많은 이야기들이 담겨 있어 소개하고자 한다.

삼천리 제4권 제3호(1932년 3월 1일 발행)

▣ 남편 김좌진의 초혼, 미망인 나혜국 여사의 방문기

일기는 늦은 봄 같아서 음력 설을 맞이하는 서울 장안 사람들의 기분을 한층 더 명랑스럽게 하더니 갑자기 하늘빛이 곱지 못하고 거리에 침울한 기색이 떠돌면서 찬 눈비가 섞여 내리던 — 음력 설이 지난 지도 이틀을 지난 — 날이었다.

오바의 에리를 높이 올리고 음산한 거리를 거쳐 와룡동 뒷골목에 있는 운이동 21번지 — 며칠 전에 귀국하신 김좌진 씨 미망인 나혜국 여사 — 를 방문하던 때는 정오도 지나서 오후 2시 반이나 되는 때였다.

대문 안에 들어서니 한 세간이나 두 세간이 사는 집 같지 않고 여러 살림이 모여 산다는 것을 알 수가 있었으므로 마당에 서 있는 웬 부인에게 며칠 전에 만주에서 오신 부인이 여기 있느냐고 물었더니 내가 서 있는 곳과 제일 거리가 가까운 방을 가리키면서 바로 그 방이라고 손짓한다. 의심없이.

"계십니까?"하고 주인의 대답을 기다리던 나의 기대와는 어그러졌으니 다 떨어진 조그만 창의 구멍에 틀어박은 검정 헝겊을 살짝 빼고 웬 사람의 눈동자만 까맣게 보였을 뿐이고 아무 대답도 없다. 기자는 또 한 번 다시.

"계십니까?"하고 소리를 쳤다. 그제야 문이 좁게 열리면서 어린애를 안은 부인이 들어 오라는 허락을 내린다.

문턱에 발을 들여놓자마자 피난민이라는 느낌을 즉각적으로 가지게 되었으니, 내가 예측했던 것보다 몇 배 이상의 빈곤한 공기를 발견했다.

일기 관계도 있었겠지만 방도 별로 밝지 못한 데다가 구멍난 창구녁에 검정 헝겊을 틀어막은 것 등이 더 한층 방안을 음산하게 만들어 놓았다. 거기다가 두 어린 애기까지 홍역으로 앓고 있으니 방안의 침울성은 더 이야기하지 않아도 알 것이다.

"먼 길에 어린애를 데리고 오시느라고 얼마나 고생이 많으셨습니까?" 기자는 다 안다는 듯이 이렇게 첫말을 건넸다.

부인은 쾌활한 말씨로 "뭐 괜찮았습니다. 참 누구신지요?" 하고 기자의 얼굴을 쳐다본다.

한 장의 명함을 내어서 드렸더니.

"그랬습니까. 추우신데 이렇게 오셔서 황송합니다. 그런데 우리 사실을 잡지에 내시려고 그러십니까?"

기자의 대답이 더디게 되었더니.

"잡지에 발표하시면 안됩니다." 하고 곁에 앉으신 노인을 쳐다 보면서 호호호 하고 웃으신다.

"저 노인은 누구십니까?"

"저의 친정 어머니입니다."

"그런데 언제 경성에 도착하셨습니까?"

"한 열흘 될까요. 그런데 어린애들이 이렇게 앓아서" 하면서 말을 마치지도 않고 근심스러운 얼굴을 지으신다.

"참 안되었습니다. 그런데 조선을 떠나시기는 언제 떠나셨나요?"

"제가 떠난 지는 한 10년 되지만은 김 선생은 한 15년 된대요" 하는 말세가 김 씨의 사정은 잘 모르는 듯이 이야기를 마쳐 버린다.

"아니 처음 떠날 실 때에 함께 가시지 않았나요?"

"사실은요. 지금 내가 아우님 보고서 이야기하지만은요. 나는 함경북도 회령 태생으로 시집갔다가 남편이 죽으니 부모님과 함께 북간도로 갔지요. 북간도에서 몇 해 살다가 북만주에 이사했는데 그때에 처음 김 선생 하고 알게 되었답니다."

"아! 그랬습니까. 지금으로부터 몇 해 전입니까?"

"금년까지 8년째 되었지요."

"김 선생님은 어디 출생이신지요?"

"경기도 안성입니다."

"김 선생님을 만나서부터 지금까지의 풍상을 겪으신 이야기를 자세히 들려주십시오."

"아이구 그것을 어떻게 일일이 이야기합니까. 너무나 파란을 많이 겪고 나니 머리가 멍한 것이 이상하게 되고 어떤 때는 히스테리 아닌가 생각하는 때도 많습니다. 그렇기 때문에 금방 한 일도 깜박깜박 잊어버리는 때가 많습니다. 그리고 더구나 내 입으로서 그런 이야기를 하고 싶지도 않고요. 만주에서 떠날 적부터 어떻든 모든 사실을 세상에 발표하려고 하지 않았습니다. 우리가 이곳에 와 있다는 말을 듣고 신문 기자나 잡지 기자들이 찾아 올 줄 알았기 때문에 아까 밖에서 찾으실 때에도 남자분이면 거절하려고 했던 것입니다."

길게 이야기를 계속하시던 부인의 몹시 총명해 보이는 눈동자가 흐려지며 얼굴이 붉어지더니 눈에 눈물이 핑그르 떠돌았다. 그러면서도 말을 이어서 하고는 긴 한숨을 휘- 내뿜는다. 나는 부인의 이야기를 들으면서 보통 여성과 다르다는 느낌을 받았다.

"김 선생님이 피살당하던 때가 바로 어느 때던가요?"

"벌써 오래지요. 재작년 섣달 스물 닷샛날이었습니다."

"어느 곳에서였지요?"

"우리가 지금까지 살다 떠난 해림에서 한 60리나 떨어진 산시라는 곳에서." 기가 막힌다는 듯이 고개를 푹 숙이면서 말을 마치지 못하신다.

"돌아가실 때에 그 광경을 목격하셨습니까?"

"보지 못했어요. 아침에 송월산 씨(친구)와 함께 정미소(우리가 경영하던)에 나가 보신다고 나가시더니 오후 두 시나 되어서 그렇게 되었다는 말을 듣고 뛰어 나갔더니 벌써 세상을 떠나셨습니다."

"정미소와 댁의 거리가 멀었던가요?"

"좀 멀었습니다. 그랬기 때문에 총소리도 못 들었습니다."

"그래, 그 현장에 송씨밖에 사람이 없었을까요?"

"아니요. 사람은 많았습니다. 정미소에서 일하는 사람들도 있었고, 또 언제나 데리고 다니시는 보안대도 셋이나 데리고 나가서 무기를 가지고 안 나갔기 때문에 대항도 못 했지요. 그리고 총을 쏠 때 뒤로 쏘았습디다. 왼쪽 등을 맞았는데 탄환이 바른쪽 가슴을 뚫고 나왔어요."

어떻게 강기(强氣) 있는 양반이었던지 총을 맞으시고도 몇 걸음 뛰어 가서 '누가 나를 쏘느냐'고 소리를 치다가 그 자리에 쓰러지더랍니다.

부인의 이야기를 듣고 있는 내 가슴은 몹시도 두근거렸다.

"그런데요. 총 쏜 사람은 누구던가요?"

"공산당원 박상실이라는 사람입니다."

"그 사람을 붙잡지 못하셨나요."

"아이구 말씀 마십시요. 그 놈을 잡으려고 어떻게 애를 썼는지 그 이야기를 하자면, 말담이 없는 나로서는 어떻게 하면 자세하게 해 드릴 런지요. 지금 스물 셋 먹은 내 여동생이 있어요. 이번에 함께 오다가 장춘 와서 떨어졌지요. 그 동생과 함께 2년 동안이나 찾아다니는데 두 살 먹은 어린 것을 업고 밤길도 많이 걸었지요.

한 번은 '영고탑'이라는 데서 그 놈이 잡혔다는 풍설이 들리기에 나 혼자 어린 애를 업고서 떠났지요. 성문에까지 이르러서 들어가기를 청하니 문을 지키는 군인들이 들어가지 못하게 했습니다. 아무리 애걸을 하여도 공산당원들에게 돈을 많이 받아먹은 중국 군인들은 내가 들어가기를 금(禁)하겠지요. 어쩔 수 없어 어린애를 업고서 인가도 없는 그 성 밖에서 하룻밤을 세웠습니다. 밝은 날에 또다시 나는 군인들을 보고 싸웠습니다. 피고가 들어가는 곳에 원고가 왜 못 들어가느냐고요. 그랬더니 총사령부에 전화를 걸어 보고 들어가라는 승낙을 내렸겠지요. 총사령부에 들어가서 모든 이야기를 죄다 하고 피고를 사형에 처하기를 청하였으나 돈을 많이 먹은 그들은 역시 내 말을 잘 듣지 않았습니다. 나는 끝까지 노력해 볼 양으로 그곳 중국 여관에 투숙하면서 총사령부에 들어가서 매일같이 이야기를 하였습니다. 공산당원들은 나를 만나면 죽이라는 삐라를 돌렸답니다. 좀 무서웠으나 그렇다고 해서 용기를 잃지는 않았습니다. 내가 그곳 영고탑에 있을 때 김씨의 동지들 중에 감옥에서 고생하는 분이 많았으므로 나도 배가 고프면서도 만주 몇 개씩을 날마다 차입해 드렸습니다.

이렇게 하면서 지내는 동안이 어느덧 두 달이나 되었습니다. 결과를 볼 때까지 있어 보려고 했지만 그 놈이 붙잡히지 않았다고 함으로 밤 3시나 되어 영고탑을 떠나서 60리 되는 밤길을 걸어서 집으로 돌아온 일도 있었습니다. 그 후 얼마 지나서 우리 형제는 어떻게 하든지 그 놈에게 복수하려는 생각에서 중국 총합령부에 들어가서 또다시 고소하였습니다. 겨우 그 놈을 잡아서 봉천에 보내어 사형에까지 처하게 만들었는데 그 뒤에 일중 충돌이 일어나게 되어서 어떻게 되었는지……."

"그런데 김 선생님 장례식은 며칠 만에 하셨습니까?"

"석 달 만에 했지요."

"아이구, 그렇게 오래 있다가 하셨습니까?"

"사회장을 했으니까 각지에 흩어진 동지들이 다 오기까지 기다리느라고 그렇게 오래 걸렸습니다."

"그랬으면 장례식 때에 굉장하셨겠습니다."

"퍽 떠들썩했지요. 각국에 흩어져 있는 동지들도 많이 왔거니와 못 오시는 분들이나 또는 단체에서 보내주는 만장도 150여 장이었으며 금액도 2,000여 원이나 들어왔습니다. 그리고 장례식 당일 상여가 떠날 때에 수십 명의 중국 군인이 열을 지어 앞서서 나갔습니다."

"중국 군인은 어떻게 되어서 나가게 되었습니까?"

"김씨가 생존에도 어디 가실 때면 우리 보안대 외에 중국 사령부에서 내어주는 보안대가 있었답니다."

"김 선생님 앞으로 군인이 몇 명이나 있었나요?"

"각지에 퍼져 있는 군인들을 죄다 합하면 500여 명이지요. 그런데 돌아가신 후에 안된 것은 군인들입니다. 소위 누구라고 하는 분이 없으니깐 그렇게 용감하던 그들은 맥을 탁 잃어버리고 죄다 떠나겠다고 했답니다. 그래서 장례식에 남은 금액으로 여비를 주어서 돌려보내었지요."

"김 선생님 돌아가신 후에도 산시에서 살림을 하셨습니까?"

"아니요. 그 이듬해 중동선 해림으로 이사하였지요."

"생활은 어떻게 하셨습니까?"

"돌아가신 후에도 살림은 그렇게 곤란하지 않았어요. 어머님과 나는 논을 부쳐서 타작을 하구요. 또 내 동생이 학교 교원 노릇을 하여서 한 달에 쌀 세 부대와 돈 5원 또 과외로 한 100여 원 되는 돈이 나왔기 때문에요."

"그러시면 그곳에 계셨던 편이 오히려 낫지 않았을까요?"

"생활에 있어서는 나았지만은 어떻게 견뎌낼 수가 있어야지요. 무지한 중국 군인들이 어떻게나 우리 조선 사람을 못살게 구는지요. 눈이 껌벅껌벅 하는 산 사람을 엎드려 놓고 도끼로 목을 찍어 가는 일까지 있었으니 더 말해서 무엇 합니까. 그렇기 때문에 굶어죽어도 조선 나와서 죽으려고 떠났습니다만은 정작 와 보니 장차 어떻게 사는지 앞이 캄캄합니다."

"귀국하신 후에 살림은 어떻게 하십니까?"

"만주서 떠날 때부터 경성까지 오는 동안에 여비는 김씨 동무들이 얻어 주어서 왔는데 오고 나니 한 푼이나 남았겠습니까? 밥도 해 먹지 못하고 방만 얻어 가지고 이렇게 있는데요. 밥도 얘 사촌이 사다 주어서 먹습니다." 하면서 무릎에 앉은 어린애를 물끄러미 내려다보시다가 다시 말을 이어서 "굶든지 먹든지 이것들 둘을 중학교 공부까지만 시켰으면 하는데요."

"앞으로 서울서 사실 생각이십니까?"

"글쎄요. 참 어떻게 하면 좋을까요. 내 아우 같으니 거리낌 없이 살 방침에 대한 구체안을 상의해 보고 싶습니다."

물에 빠져 떠내려가는 사람이 볏짚 한 대라도 붙잡으려고 애쓰는 것과 꼭 같은 경우에 이른 부인에게 동정하지 않을 수 없었다. 기자 입에서 말이 떨어지기도 전에 부인은 다음과 같은 이야기를 계속한다.

"나는 재봉틀 하나만 월부로 맡아서 어린애들 양복 같은 것이나 지으려고 합니다. 그리고 이번에 장춘서 떨어진 동생이 직업만 있으면 곧 나오겠다고 지금 날마다 편지만 기다리고 있을 텐데. 그 애가 어떻게든 직업을 얻게 되면 근근이 살아나갈 것 같은데요. 어디 적당한 직업이 없을런지요. 그렇지 않고는 도저히 살길이 없을 것 같아요. 김씨의 고향 안성으로 간다면 일가들이 거느려 주지 않으면 살 수가 없겠구요. 나는 어제도 하도 답답해서 만주 동포에게 위안품을 보내주는 모 회사 앞에 가서 한참 서 있었답니다. 옷은 이 모양으로 입고 검정 버선에 흙이 잔뜩 묻은 고무신을 신고 거리로 왔다갔다 하니 곱게 입고 곱게 차린 서울 부인들이 눈이 빠지도록 구경삼아 서서 본답니다. 그렇다고 그것이 부끄럽다는 것은 아닙니다. 내 양심에 부끄럽지 않은 일이면 조금도 부끄러울 것이 있겠습니까? 만주에 있을 때 조선에도 김씨의 동지가 많이 있다고 들었는데 와 보니 한 분도 없는 것 같아서 퍽 쓸쓸합니다. 나는 어제도 동생한테 편지 하기를 감옥에 갇힌 것보다 더 답답하고 더 아득하니 장차 어찌하면 좋겠는지 눈물밖에 없다고 하였답니다."

부인의 눈에는 여전히 눈물이 돌고 있다. 할머님이 안은 큰 따님 은애(恩愛)가 목이 마르니 배 좀 사 달라고 조르며 울고 있으나 사 주지 못하고 어린애를 달래기만 하시니 지갑에 돈 한 푼 없는 기자의 맘은 아프고 죄어서 한 번 더 방문하기를 약속하고 문턱을 넘어섰다.……컴컴한 방에서 어린 것에 성화를 받는 나씨의 모습이 눈앞에 떠돌아서 가슴이 아팠다. 이러한 처지에 얽매어 우는 이 어찌 이 미망인 한 분일까?

삼천리 제4권 제5호(1932년 5월 1일 발행)

▣ *불쌍한 고아들*

▣ *총 사주면 원수 갚아 – 고 김좌진 따님 은애*

얼마 전에 방문했을 때 홍역으로 몹시 앓던 김좌진의 따님과 아드님의 병세 여하를 알고 싶어서 몹시 바람 부는 어느 날 운이동 21번지를 또다시 찾았다.

그렇게 어두컴컴하던 방도 밝아졌으며, 방안에 있는 사람들의 얼굴까지도 화기가 떠도는 듯했는데 두 어린 애기 병세가 완쾌한 까닭이었다.

따님 은애(금년 7세)는 밖에 놀러 나가고, 아드님 철한(금년 3세)이가 앉아서 죽을 먹는다. 한편에 앉아서 다듬이질을 하다가 기자의 침입으로 인해서 그치고 앉은 분이 며칠 전에 장춘서 돌아온 김씨 미망인의 동생이라고 한다.

"어린 애기들의 병이 나아서 기쁘시겠습니다."

"아이구, 요새는 먹든지 굶든지 사는 것 같습니다. 저번에 오셨을 때는 너무도 기가 막혀서 무슨 이야기를 어떻게 했는지도 모르겠더니만." 하고 나혜국 여사는 희색이 만면해서 말씀하신다.

밀창이 열리더니,

"엄마, 밥조" 하면서 원기 있게 뛰어 들어오는 애기는 일전에 아플 때 배 사달라고 울며 조르던 은애였다.

하루에 네 번 다섯 번씩 밥 먹는 애가 어디 있느냐고 어머님께서 말씀하시는 것도 듣는지 마는지 그래도 자꾸만 먹겠다고 조르니 정말 네다섯 번씩 먹을 만한 밥이 있었는지 나는 의문을 가졌다. 졸라도 주지 않을 눈치를 알았던지 한쪽 구석에 놓여 있는 밥그릇을 제 손으로 들어다가 먹으려고 한다만 밥그릇에 밥은 한 숟가락밖에 되지 않는 노란 조밥이었다.

동생 철한이가 먹는 것은 쌀죽이다. 반찬도 없이 한 술밖에 안 되는 노란 조밥을 먹겠다고 앉아 있는 누이가 가엽게 생각되었던지,

"이것 먹어" 하면서 누이 앞에 죽 그릇을 내어놓는다. 은애도 조밥보다 흰 죽이 더 좋은 줄은 알았으므로 동생 철한이의 말대로 함께 먹으려고 달려들었다.

"네가 한 숟갈 먹고 또 내가 한 숟갈 먹을 테야."

"응, 그래!"

그래도 누이 노릇 하느라고 동생 입에 한 숟가락 떠 넣어주고 제가 떠먹는다. 공기에 담은 소고기 반찬도 동생 입에만 넣어주고 은애는 번번이 먹지 않고 몹시 질긴 힘줄만 뜯어서 먹는다. 그런데도 불구하고 철한이는 맘이 살짝 돌아섰던지 누이가 고기를 먹는다고 울었으므로 은애는 먹던 숟가락을 던지고 나앉았다. 기자는 그들의 하는 태도가 몹시도 재미스럽게 보였으며 또 한쪽으로는 가여워 보였다.

은애는 가만히 앉았다가 무엇을 생각했던지,

"엄마, 아버지 사진을 저기다가 붙여줘."

"네가 아버지를 알기나 알면서 그러니?" 하는 어머님의 말씀이 섭섭하게 들렸던지

방바닥에 뒹굴면서 울다가,

"사진틀에 끼어서 붙여줄 테니 울지 말어." 하고 달래는 어머님의 말씀에 울음을 그친다.

기자는 겨우 일곱 살 되는 은애의 생각, 아버지를 생각하는 맘이 간절함에 놀라지 않을 수 없는 동시에 측은한 느낌도 있었다.

"은애야, 아버지 보고 싶으니?" 하고 기자는 물었다.

"참 보고 싶어요."

"아버지가 어디 가셨지?"

"우리 아버지는 돌아가셨어요."

"아버지가 어떻게 돌아가셨지?"

"……"

은애는 대답이 없으니 어머니가 대신으로 "다 알아요. 그러기 때문에 밤낮 총을 사달라고 조른답니다." 하고 대답하신다.

"총은 무엇 하려구요?"

"저의 아버지 죽인 사람을 쏴 죽인다고. 늘 말하기를 아버지 죽인 개(犬)를 죽인다지요. 그리고 제 딴에는 아버지를 퍽 생각하는 모양입니다. 누구 집에 가서도 그 집 애들이 저의 아버지 무릎에 앉아 있는 것을 보면 울고 야단입니다. 산시(山市)에서 저의 아버지 장례식 때도 겨우 네 살이었는데 5리나 되는 장례식장으로 따라 갔답니다."

"갔다 와서 뭐라고 하지 않아요?"

"아버지를 왜 흙에다 파 묻느냐고." 이렇게 기자와 이야기하는 어머님의 말씀을 한참 듣고 있더니 부끄러운 생각이 들었던지 어머님 보고 이야기하지 말라고 떼쓴다.

기자는 또다시 은애에게,

"인제 크게 자라서 어른 되면 뭐 할 테냐?"

"총을 가지고 우리 아버지 죽인 '개'를 죽여요." 하고는 얼굴을 붉힌다. 말하는 것이나 노는 태도로 보아서 여성적 성격을 가졌다기 보다는 어디를 보든지 남성적이었다. 어머님의 말씀을 듣건대 요새도 거리에서 애들이 총을 가진 것을 보면 자꾸 사달라고 조른단다. 그리고는 나무각으로 총같이 만들어서는 그것을 가지고 총이라고 '땅땅땅' 하면서 총을 쏘는 체 한다니 기이한 일이다.

"학교에 다니고 싶지 않아?" 하며 머리를 쓰다듬으며 묻는 기자에게,

"다니고 싶어요." 하고 대답하는 모양도 퍽 남성적이었다.

나혜국 여사는 또다시 말씀을 계속 하신다.

"지금 학교에 간다고 야단이랍니다. 이 앞에 있는 학교 마당에 아침마다 가서 보고는 학교에 데려가달라고 떼를 씁니다."

누이가 고기 반찬을 먹었다고 울던 철한이는 어머님의 젖꼭지를 물고 잠들었으므로 은애에게만 몇 마디 말을 물어보고 그 자리를 떠났다.

어린시절은 어땠을까? **3**장

김좌진의 생애 중 가장 베일에 가려진 부분이라 할 수 있는 그의 어린 시절에 대해 살펴보려 한다. 이 부분에 대해서는 그동안 여러 추측들이 난무하는 등 사실상 제대로 된 정리가 이루어지지 못하였다. 때문에 이 부분을 다루는 데 있어서 이 책은 객관성을 확보하는 데 가장 큰 노력을 기울였다. 그 노력은 최대한 자료를 바탕으로 하여 그의 어린 시절을 재구성하는 것이었다. 자료가 부족한 상황에서 이 책이 가장 중심으로 삼은 것은 바로 신문 자료이다. 그가 살던 당시, 또는 그가 순국한 이후 보도된 신문기사에서 그와 관련된 내용들을 찾아내 중심축으로 삼았다. 물론 신문들의 내용도 일정 부분에서는 더해지고 빠지거나 불확실한 부분이 있을 수 있다. 실제로 이러한 이유로 인해 몇몇 신문기사의 경우, '연도' 부분 등에 있어 약간의 오차를 보이기도 한다. 그러나 자료가 부족한 현 실정에서는 이것이 가장 사실적인 자료라 할 수 있으므로 이를 최대한 활용하였다.

1. 명문가 집안·혁명가 집안 출생

    1889년 음력 11월 24일, 충남 홍성군 고도면(현재의 갈산면) 행산리에서 우렁찬 울음을 터트리며 한 아이가 태어났다. 그 아이가 훗날 만주벌판을 호령하게 되는 김좌진이다. 그의 아버지는 김형규(金衡圭)이고 어머니는 이윤식(李潤植)의 딸(당시에는 여자의 이름을 잘 기록하지 않아 '이씨'라고만 전해진다)이다. 이들 사이에서 차남으로 태어난 김좌진은 '명여(明汝)'라는 자와 '백야(白冶)'라는 호를 갖게 된다.

    김좌진은 요즘 같으면 '엄친아'('엄마 친구 아들'이라는 신조어로 '모든 조건을 다 갖춘 완벽한 사람'이라는 뜻이다)라고 불릴 만큼 좋은 집안에서 명석한 두뇌와 건장한 용모를 가지고 태어났다. 표면적으로는 한마디로 부러울 것이 없는 삶이었다. 그는 왜 안정적인 명문가 자제로서의 삶을 버리고, 험난한 항일운동가로서의 삶을 선택하게 된 것일까? 이를 알아보기 위해서는 명문가였던 그의 집안의 당시 상황과 그의 조상들에 대해 좀 더 자세히 살펴볼 필요가 있다.

    김좌진의 집안은 당시 2,000석가량의 재산을 소유하고, 많은 노비를 거느린 충남 홍성지역의 부호였다. 많은 재산을 소유한 명문가였던 김좌진의 집안은 김좌진의 친형인 김경진(金景鎭)이 15촌 아저씨인 김덕규(金德圭, 판서)의 양자로 들어가게 되면서 사회적으로 더욱 큰 힘을 얻게 된다. 김덕규의 조부인 김현근(金賢根)은 순조의 부마인 동녕위(東寧尉)였고, 김현근의 조부와 형질 등은 모두

▼ 김좌진 생가

공조판서, 이조판서, 대찬성, 형조판서 등의 관직을 역임한 고관들이었기 때문이다. 이로써 김좌진의 사회적 위치는 더욱 견고해졌다고 할 수 있다.

다음으로 그의 조상들을 살펴보면, 먼저 주목할 만한 인물로 김상용(金尙容, 1561~1637)이 있다. 그는 조선 중기의 문신(文臣)으로 인조반정[조선 광해군 15년에 이귀 · 김류 등 서인 일파가 광해군 및 집권파인 대북파를 몰아내고 능양군(綾陽君)인 인조를 즉위시킨 정변] 후에 대사헌, 형조판서, 우의정을 지낼 정도로 출세를 한 인물이었다. 그러나 병자호란[조선 인조 14년에 청나라가 침입한 난리] 때 왕족을 호종(扈從)하고 강화로 피난했다가 이듬해 강화성이 함락되자 자살한 비운의 인물이기도 하다. 그가 남긴 작품으로는 〈오륜가(五倫歌)〉 5편, 〈훈계자손가(訓戒子孫歌)〉 9편 등이 유명하다. 김상용의 셋째 아들이었던 김광현(金光炫)의 10대손이 바로 김좌진이다.

개화기에 갑신정변[조선 고종 21년에 개화당이 민씨 일파를 몰아내고 혁신적인 정부를 세우기 위하여 일으킨 정변]을 주도한 김옥균(金玉均, 1851~1894) 역시 그의 가문 출신이었다. 김옥균은 잘 알려진 대로 조선 말 개화파의 한 사람으로 갑신정변을 주도한 인물이다. 그는 비록 갑신정변 실패 이후 상해에서 명성황후 일파가 보낸 자객 홍종우에게 살해되는 비극적 최후를 맞았지만, 우리나라 개화사상의 형성에 크게 기여한 근대화의 선각자로 평가되고 있다. 김옥균과 김좌진의 부친 김형규는 족보상에는 18촌으로 되어 있으나, 혈통을 따져보면 10촌 간이었다. 그러므로 김옥균과 김좌진은 11촌이 된다.

이상에서 살펴본 바를 정리해 보면 다음과 같다. 김좌진의 집안은 대대로 내려온 명문가였으나, 안주하는 삶을 쫓는 대부분의 명문가 집안과 달리 유독 풍운아들이 많이 등장했다. 즉, 김좌진의 가계는 나라가 위급할 때마다 조국을 위해 순절한, 그리고 조국을 구하기 위해 떨쳐 일어났던 조선의 명문가 집안이자 혁명가 집안이었다.

▼ 김옥균

이처럼 김좌진은 단순히 명문가 집안에서 태어난 것이 아니었다. 명문가 였지만 동시에 혁명가의 뜨거운 피가 섞인 집안에서 태어났던 것이다. 따라서 김좌진은 그러한 조상들의 정신을 닮았다고 할 수 있다. 한 예로 김상용의 경우 그의 자살이 청나라와의 타협을 반대한 순절(殉節)이었다는 점에서, 훗날 일본과의 타협을 거부하고 맞서는 김좌진의 기상과 닮아 있다. 김옥균역시 조국을 위해 몸 바친 분이었고, 후손인 김좌진도 나라가 위기에 처했을 때 주저함 없이 독립운동에 나섰다.

마침 김좌진이 태어난 때는 근대화와 민족 보존의 문제가 우리 민족의 중대한 과제로 떠오르던 시기였다. 혁명가 집안의 태생에게 이러한 시대적 상황은 가슴속에 뜨거운 무언가를 안겨주기에 충분하지 않았을까? 어쩌면 김좌진에게는 이미 태어난 그 순간부터 훗날의 혁명가로서의 삶이 예견되어 있었는지도 모른다.

2. 풍운아로의 성장

앞서 설명한 것처럼 이 책이 중심을 두고 있는 부분은 한쪽에 치우치지 않은 전체적인 '인간 김좌진'을 살펴보는 데 있다. 따라서 그의 어린 시절을 기존의 연구들처럼 영웅의 관점에서 접근하기보다는, 누구나 쉽게 이해하고 다가갈 수 있는 '소년 김좌진'에 초점을 두고 풀어보려 한다. 지금부터 풍운아적 기질을 타고나 영웅을 꿈꾸었던 개구쟁이 소년, 타고난 힘과 용모로 강인함을 지녔지만 한편으로는 한없이 여린 감성을 지녔던 소년 김좌진을 있는 그대로 만나보기 바란다.

영웅을 꿈꾸던
개구쟁이

　　김좌진은 유복한 명문가 가정에서 출생하였지만, 3세가
되던 해에 부친상을 당하여 편모슬하에서 성장하였다고 전해진다.
일반적으로 남자아이에게 있어 아버지라는 존재는 특별함 그 이상이다.
어머니의 사랑, 돈, 친구가 아무리 많아도 아버지의 자리는 그 무엇으로도
채울 수 없는 소중한 한 부분이라고 할 수 있다. 그리고 그 자리는 성장하면
할수록 더욱 커져 가게 마련이다. 김좌진 역시 그렇지 않았을까? 모든 것이
충족되는 유복한 환경이었지만, 그 속에서 아버지에 대한 그리움을 지닌 채
성장해 가지 않았을까 짐작해 볼 수 있다.

　한편 김좌진은 힘이 장사였고 타고한 건강 체질의 아이였다고 전해진다.
남자아이들은 보통 영웅을 꿈꾼다. 남들보다 월등히 우월한 체격 조건을 갖
춘 남자아이라면 더욱 그렇지 않을까? 여기에 사춘기에 접어든 소년이라면,
기존의 질서에 얽매이기보다는 풍운아처럼 모든 것을 박차고 제멋대로 하고
싶은 욕망에 사로잡히기 쉬울 것이다. 기존의 질서에 반항하고 싶고, 모든
잘못된 것들을 깨고 싶은 강렬한 충동을 지닌, 넘치는 힘을 자제할 수 없던
아이. 그것이 어린 시절 소년 김좌진의 모습은 아니었을까?

　이와 같이 우리는 김좌진의 어린 시절
과 관련해 여러 가지 추측을 해 볼 수 있
는데, 이러한 추측을 구체적으로 확인해
볼 수 있게 하는 자료들이 있다. 김좌진
장군이 순국한 당시의 1930년 2월
13~15일자 『조선일보』와 『동아일보』 기
사가 그것이다. 우리는 이를 통해 추측으
로만 그쳤던 그의 어린 시절 모습을 구체
적으로 그려볼 수 있다.

그는 성질이 활발하고 어려서부터 영웅적 기개가 있고 힘이 셌기 때문에 그 장난에 이웃사람들이 다 혀를 내둘렀으며, 어려서 자랄 때에 자기 집 사랑문 앞으로 길이 나서 사람이 왕래하기 때문에 귀찮으니까, 큰 말뚝 두 개를 사랑 마당 양편으로 가로질러 박고, 장꾼들이 지날 때마다 "여기를 지나려면 돈을 내야 한다"고 야단을 해 장꾼들이 성가시어 다른 데로 돌아다녔기 때문에 장길이 바꼈고……항상 영웅적 야심이 발발하였기 때문에 노는 자리에서도 그 특성이 나타났으니, 어느 때에 노는 자리에서 기생 셋이 노는데 다른 기생은 모두 비취비녀를 꽂고 자기가 사랑하는 기생만 비취비녀가 없어 슬퍼하는 것을 보고 단번에 다른 기생의 비취비녀까지 깨뜨리고 자기의 돈으로 비취비녀 세 개를 새로 나눠 준 일이 있었더라.

조선일보 1930년 2월 13일자

그의 부친 김형규 씨도 여력과 담대한 품이 사람의 생각 밖으로 뛰어나서 인근에서는 그를 산 호랑이라고 일컬었고, 그의 혈통을 받은 백야 김좌진 씨가 또한 어려서부터 남달리 기품을 타고나서 기행(奇行)이 지금도 그를 아는 사람의 입에 오르내리는 것이 적지 않은데 그는 19세 때에 통감을 읽다가 '서족이기성명이이 (書足以記姓名而已)'란 데에 이르러 탄식을 하고, 책을 집어 던진 후에는 글을 배우지 아니하였다. 한때 그 후에 독서하는 것으로는 병서(兵書)가 있었을 뿐이다. 그는…… 말을 사달라고 졸라 안장도 차지 않은 야마(野馬)를 채찍하여 거치른 벌판을 달리는 것으로 일을 삼았다 하며, 심심하면 동리 아이들을 모아가지고 기예를 가르치며, 자기가 대장이 되어 노는 것으로 소일을 하였다고 한다.……새 옷을 말끔하게 입고 나가서는 가난한 동무의 갈갈이 찢어지고 때 묻은 옷과 바꾸어 입고 들어오기가 일수요, 엄동설한에 일부러 옷을 벗어 벌거숭이가 되어 가지고, 맨발로 얼음 위를 미끄러져 달리며 노는 것을 예사로 하였는데, 그 고향의 습관으로 정월대보름날이면……아이들이 모여서 하는 장난이 있는데, 벌판에다가 불을 놓고, 누구든지 먼저 달려가서 그 불을 끄는 사람이 대장노릇을 하는 것이라 겁이 없는 그는……어름장을 깨서 찬물 속에 빠져서 온몸을 적시어 가지고 활활 타 오르는 불길에 몸을 굴려서 불을 끄느라고 머리털까지 까맣게 그슬리는 것쯤은 다반사로 여겼다 한다.

조선일보 1930년 2월 14일자

어린 시절부터 무예절인 호담과 협기에 40평생
- 어릴 때부터 아이 모아 전쟁 장난, 50여 호 노복도 자유 해방했다.

홍성의 명문거족 김형규 씨 둘째 아들
그는 지금으로부터 42년 전에 충남 홍성군 고도면 상촌리 김형규 씨의 둘째 아들로 태어났다. 명문거족으로 5대째 살아오던 99칸 집에서 태어난 그는 세 살 때 아버지인 김형규 씨와 사별하고, 동면 갈산리로 이주한 후……7세, 8세 때에는 벌써 동리 아이들과 집안 하인들을 모아 놓고 군대 교련을 하며 말 타기 연습을 하여 부근 사람을 놀라게 하였다.

50여 호 노복을 해방
어린 거지를 보면 부모에게 꾸중을 들어가면서도 밥을 먹이고 옷을 입히고……집에다 고빙(雇聘)하여 두었던 한문 선생의 말은 도무지 듣지도 않으며 '삼국지', '수호지' 선생이란 별호를 동리 아이들에게 듣던 그가 나이 15살에 이르자 부근 동리에 50여 호나 살고 있던 자기 집 노복들을 불러다가 큰 잔치를 벌여주고 종문서를 내어주며, 전부 자유의 몸을 만들어 버린 후, 『손오병서(孫吳兵書)』와 『육도삼략(六韜三略)』을 배우고 검무를 배우기 시작하여 그가 17, 18세 되었을 때에는 벌써 이에 대항할 사람이 없게 되었다 한다. 비위에 틀리는 동무를 만날 때에는 호령 한 마디로 굴복을 받을지언정 결코 주먹을 쓰는 일이 없었다 한다.

말 위에서도 자유자재, 뛰어난 검술
그는 어릴 때부터 특히 말 타기와 검무에 능하여 말 위에서 서고 눕고 말 배에 붙어 가는 등 자유자재로 몸을 하여 가지고……그가 말 타고 활을 들고는 동네 아이들에게 자기를 포위한 후 돌팔매질을 하게 하여 능히 그것을 받아내었다 한다.

동아일보 1930년 2월 14일자

남과 달리 조숙한 그는 열두 살에 『삼국지』를 통독하였는데……한 대목에
이르러서는 책을 덮고 삼국시대의 형편과 지리 관계 같은 것을 연구한 뒤에야 뒷장을
들춰 보고 자기의 의사와 부합되면 비로소 책상을 두드리면서 만족한 웃음을 지었다
한다. 김좌진은 어려서부터 말 타기와 검무에 능했다고 한다. 이러한 그의 장점이
그로 하여금 만주로 망명하게 하였고, 만주에서 독립군의 장군으로서 성장하는 데
큰 도움을 주었을 것으로 보인다.

조선일보 1930년 2월 15일자

위의 기사 내용들을 통해 우리는 어린 김좌진의 다양한 모습을 발견하게
된다. 기사들은 모두 각기 다른 일화들을 소개하고 있지만, 공통적으로 보여
주고 있는 것은 '영웅을 꿈꾸는 개구쟁이 소년'의 모습이다. 이를 바탕으로
개구쟁이 소년 김좌진의 어린 시절을 정리하여 보면 다음과 같다.

김좌진은 어린 시절 공부보다는 동네 아이들과의 병정놀이를 즐겨하였다.
그리고 그때마다 지휘관 노릇을 거침없이 해내 주위 사람들을 놀라게 만들
었다. 지금으로 보면 골목대장에 가까운 아이였다. 그는 어린 시절 전통적인
질서를 배우는 유교나 한문 공부에는 큰 흥미가 없었던 것으로 보인다. 오히
려 영웅호걸들의 이야기인 『삼국지』나 『수호전』 등을 읽으며 호연지기를 키
우는 쪽에 가까웠다. 틀에 박힌 학문보다는 동네에서 친구들과 자유롭게 어
울리는 것을 좋아했던 소년 김좌진이었다고 할 수 있다. 책상 앞에 앉아 만
질 수도 없고 바꿀 수도 없는 세계에 사는 것보다, 자신이 직접 말을 타고 큰
칼을 휘두르며 세상을 바꾸는 포부를 지닌 아이 쪽에 가까웠던 것이다. 그의
이런 어린 시절이 훗날 청산리대첩의 영웅 김좌진을 만들었는지도 모르겠
다. 또한 김좌진은 영웅호걸적인 이러한 성품 속에 늘 가진 자로서 약자에
대한 배려와 동정심을 지닌 소년이기도 했는데, 그의 이러한 정서 역시 후일
독립군 장군으로서 그가 자신의 부하들과 동포들에게 보여준 애정의 밑거름
이 되었다고 할 수 있을 것이다.

노블리스 오블리제
실천 소년

　　　　　김좌진의 어린 시절 일화와 관련하여 많이 논해지는 것 중 하나가 '노비 해방'이다. 이 일화를 간략히 구성하여 보면 다음과 같다.

　그가 15세 때(15~17세 무렵이었을 것으로 추정)의 일이었다. 어느 날 갑자기 김좌진의 집으로 천주교인 50여 명이 쳐들어 왔다. 그들은 다짜고짜 김좌진에게 종을 해방시키라고 요구하였다. 이 사건은 김좌진 집안의 수많은 종들 중 천주교에 입교한 여자 종 하나가 선교사들의 힘을 믿고 그들과 함께 들어와 벌인 일이었다. 당시 김좌진은 "너희들이 종을 해방시키라고 하는 요구는 정당하나, 외세의 힘을 믿고 요구한다면 절대로 해방시킬 수 없다"고 단호히 거절하였다. 그러나 평소에 스스로 깨우친 바가 있었던 그는 그 이튿날 누구도 생각하지 못한 일을 행한다. 다음 날 김좌진은 자신의 집에서 부리던 노복 30(50)여 명을 모아 놓고 잔치를 베풀며 그들이 보는 앞에서 직접 종 문서를 불살라 버렸다. 그리고 노비들에게 경어를 사용하고, 토지를 소작인들에게 무상으로 분배해 주었다.

　이 사건을 지금의 관점에서 본다면, 김좌진은 멋진 노블리스 오블리제(높은 사회적 신분에 상응하는 도덕적 의무를 뜻하는 말)의 실천가가 된다. 그의 행동은 진보적이고 혁명적인 것으로 평가될 수 있다. 그러나 당시는 노블리스 오블리제가 찬양받는 2000년대가 아니라, 그러한 말조차 상상할 수 없었던 1900년대 초반이었다. 심지어 당시에는 종들이 집안의 막대한 재

산이었다. 때문에 당시의 관점에서 보면, 김좌진은 집안 대대로 내려오는 귀중한 재산을 집안 어른들과 상의도 없이 자기 멋대로 다 써버린 것이 된다. 따라서 집안 식구들에게 그의 행동은 충격을 넘어, 이상주의에 사로잡힌 망나니적 행동이라고 인식될 수밖에 없었을 것이다. 가족들의 이해란 있을 수 없었다.

그중에서도 특히 어머니 이씨와 오촌 숙부인 김창규(金昌圭)의 반대가 심했다. 선대로부터 물려받은 재산을 보존·계승하지는 못할망정 도리어 마음대로 나누어 준다는 것은 절대 있을 수 없다는 것이었다. 그러나 김좌진은 그 당시로서는 당연한 이와 같은 반대에도 자신의 소신을 끝까지 굽히지 않았다. 김좌진 장군의 손녀인 김을동에 의하면, 그 후 장군의 모친 이씨는 모든 재산을 김좌진의 동생 김동진(金東鎭)에게 맡겼다고 한다. 실제로 현재 갈산고등학교 자리에 있는 김좌진 장군 집터의 소유자는 김동진으로 되어 있다.

다음의 기사들은 김좌진이 노비를 해방한 사실을 확인시켜 준다.

> 그가 나이 15살에 이르자 부근 동리에 50여 호나 살고 있던 자기 집 노복들을 불러다가 잔치를 베풀고, 종문서를 내어주며, 전부 자유의 몸을 만들어 버린 후……
>
> 동아일보 1930년 2월 14일자

노예 해방
새로운 풍조가 가난한 시골마을에까지 미치매 그는 솔선하여 탐스러운 상투를 자기 손으로 싹뚝 잘랐는데, 그때에 단발을 한 사람은 지금 신간회의 김항규(金恒圭) 씨와 김홍진(金弘鎭) 씨 세 사람밖에 없었다고 한다.……그의 집에서 부리던 계집종 하나가 천주교에 입교를 하여 어느 날은 교도 50여 명이……김씨의 집을 습격하여 종을 내놓으라고 강박함으로 그는 팔을 걷고 나서며, "너희들의 요구는 마땅하나 외국사람의 세력을 빙자해가지고 온다면 절대로 내놓을 수 없다"고 딱 잘라 거절을 한 후……

> *종문서를 불사르고서 당장에 경어로 상대*
>
> *그는 새로이 깨달은 바가 있어 그 이튿날 자기 집에서 부리는 노복 30여 명을 모아놓고 주안을 베푼 후……종문서를 그들의 눈앞에서 불살라 버리고 그 당장에서부터……경어를 쓰기를 서슴치 아니하였다고 한다.*
>
> 조선일보 1930년 2월 15일자

위의 기사를 자세히 살펴보면, 김좌진이 노비 해방을 이루었다는 것 외에 또 다른 사실 한 가지를 더 발견해낼 수 있다. 그것은 노비를 해방시킨 그 시절 김좌진이 후에 신간회에서 활동하게 되는 김항규 등과 함께 단발을 하였다는 것이다. 위의 기사 내용에 따르면, 당시는 새로운 풍조가 시골마을에까지 밀려들어오던 시절이었다. 그리고 그때는 김좌진이 혈기왕성한 10대의 젊은이로서 자신의 힘을 억제할 수 없는 풍운아로 살아가고 있던 시절이기도 하였다. 당시 그의 모습은 1930년 2월 15일자 『조선일보』기사를 통해서도 엿볼 수 있다.

> *기운은 넘치고 마음은 답답한지라, 잠시도 앉아 잊지 못하는 그는……*
> *학생들을 모아…… 인근 각지로 힘 좀 쓰는 내노라하는 껄떡거리는 장골(壯骨)들을*

▼ 노비 해방

만나러 다니며, 샌트집을 잡아 여지없이 꺼꾸러트리는 것으로 소일을 하고, 그대로
심심하면은 성황당 산신묘(山神廟)를 깨트려 부시는 것으로 일을 삼았었다 한다.

이와 같은 소년 김좌진의 풍운아적인 성품과 당시의 시대적인 상황은, 지금까지 일반적으로 김좌진의 앞선 근대의식에 의해서만 이루어졌다고 평가되고 있는 그의 노비 해방을 새롭게 바라볼 수 있게 해준다. 즉, 김좌진이 보여준 노비 해방은 그가 지니고 있던 앞선 근대의식만으로 이루어진 것이라기보다는 복합적인 요인들에 의해 이루어진 것이 아니었을까 하는 것이다. 다시 말하면, 당시의 시대적인 상황과 그의 기본적인 성품에, 그가 깨우치게 된 근대의식이 어우러져 발생된 사건이라고 보는 것이 타당하지 않을까 하는 생각이다. 당시 그가 남들보다 앞선 근대의식을 지니고 있었던 것은 분명한 사실이지만, 그것이 당시로서는 혁명에 가까운 노비 해방을 이룰 만큼 강했다고 단정짓기는 어렵기 때문이다. 그렇기 때문에 필자는 소년 김좌진이 보여준 노비 해방은 그가 근본적으로 타고났던 호방함과 순수함, 그리고 자유분방한 성품이 가장 큰 원천이 되어 이루어지지 않았나 싶다. 참고로 구한말에 노비를 해방시킨 아나키스트의 대표적 인물인 이회영 역시 이와 비슷한 경우가 아닌가 한다.

괴력을 지닌 아이

김좌진에 대한 이야기 중에는 유독 그의 범상치 않았던 힘과 관련된 일화가 많다. 씨름판에만 나가면 항상 이겨 황소를 가지고 왔다거나, 결혼 직후 신랑인 김좌진에게 한턱을 내라고 주변에서 놀리자 송아지를 번쩍 들어서 던졌다는 것 등 많은 이야기가 전해진다. 그의 이러한 모습을 보다 구체적으로 확인해 볼 수 있게 하는 당시의 신문기사들을 통해 조금 더 자세히 괴력의 소년 김좌진의 모습을 살펴보도록 하자.

김좌진 생가지의 돌 ▶

김좌진의 장조카 김필한(金弼
漢)의 부인 이씨가 방문한 기자
에게 들려준 『동아일보』 1930
년 2월 13일자 기사를 비롯하
여, 그의 힘과 관련된 기사를 보도된 날짜 순서대로 살펴보면 다음과 같다.

괴력과 대음대식(大飮大食) *9척 장신의 거인*

- 장조카 김필한 씨 부인 담 "열 장정이 들지도 못하는 두멍(물을 많이 담아 두고 쓰는 큰
가마나 독)을 혼자서 어렵지 않게 들고 놓고 해"

김좌진 씨의 흉보를 가지고 그의 백형 김경진(金敬鎭) 씨의 양자 김필한을……
찾은 즉 그는 없고 그의 아내 이씨가 대신 맞으며, 황망한 기자에게 다음과 같이
말해주었다.

"그이는(김좌진 씨를 기리키는 말) 생기기도 몸이 뚱뚱하면서도 후리후리한 키가
구척장신인 거인인 만큼 힘도 큰 장사였습니다. 옛날 우리 집에 '놋 두멍'은 얼마나
무거웠던지 빈 것이라도 칠팔 명 장정이 들어야 당김이라도 하는 것을 그이는 혼자서
힘 들이지 않고, 물이 반 독이나 들어있는 것을 손쉽게 들곤 하였습니다. 그렇기
때문에 먹는 것도 대음대식이었습니다. 술도 그랬거니와 밥 한두 그릇은 맛이나 보고
고기 한두 근이란 양에 차지도 않았습니다……"

동아일보 1930년 2월 13일자

여력(膂力)*이 과인*(過人)*한 위인*

기운이 장사이기 때문에 씨름판에 가면 판막이(그 판에서의 마지막 승리. 또는 마지막
승부를 가리는 일)를 하였으나, 소를 탈 때에는 어디로 숨어서 나타나지 아니하여
남에게 소를 양보하였으며, 집에 큰 쇠뭉치가 있어 장정도 두 손으로 들기가 어려운
것을 공기돌같이 가지고 놀리어 그 쇠알이 찌그러졌으며, 그 집 앞에는 지금도 김
장군 바위가 있는데 그 바위를 들고 다니다가 놓았기 때문이며, 돈 있는 사람에게서

돈을 얻어다가 쓰되 대부분은 어려운 친구에게 나누어주며,……한 번에 밥을 이십 공기를 먹고, 갈비를 먹어도 양푼으로 하나씩 놓고 다 먹었고…….

조선일보 1930년 2월 13일자

그의 문 앞에는 지금도 장정 7, 8인이나 협력하여야 들 만한 큰 바위가 있는데, 김좌진 씨가 마음대로 들고 놀던 것이라 하여 김 장군 바위라고 부른다 하니, 어릴 때부터 그의 힘이 얼마나 놀랄 만한 것이었는지 짐작할 수가 있다.

조선일보 1930년 2월 14일자

그뿐 아니라, 그가 탄 말이 간혹 깊은 내를 만나 건너가지 못할 때에는 말을 한 팔로 번쩍 들어가지고 훌쩍 뛰어 건너는 것이 일수였다 한다.……여흥으로 황소와 씨름하는 것은 오히려 이상할 것도 없다 한다.

조선일보 1930년 2월 14일자

장총 든 오 강도 한 손에 묶어 놓고
- 장총을 한 손에 꺾어 강도의 간담이 서늘

이윽고 약관(弱冠)도 되지 못한 그는 흐르는 패기에 향토 한구석에 엎드려 있을 때가 아니라고 하여 목숨을 세상에 바쳐 기울어져 가는 대세를 바로 잡고자 굳은 결심을 하고 서울에 올라가 큰일을 하여 볼 계획을 세웠으니, 그때는 고종황제가 그 왕위에서 물러난 융희원년이었다.

그는 말을 타고……서산 한진(瑞山 汗津)의 땅에 다다르매, 해가 기울어 지척을 분별하기 어려운 가운데 숲 속에서 뜻하지 아니한 강도 열다섯 명이 조선 장총을 들고 달려들어 금품을 강탈하려고 하는지라. 위급한 경우를 당한 그는 선뜻 말 위에서 뛰어내려 앞장선 놈을 대번에 메어붙이고, 그 자가 둘러맨 장총은 뺏어서 '부지깽이' 꺾듯이 하니 한 놈도 감히 손을 대지 못하는지라. 기운이 버드나무에 물오르듯 하여 그는 신이 나서 사시나무 떨듯 하는 열다섯 놈을 모조리 묶어 놓고, 항복을 받은 뒤에는 주막에서 부랑아들에게 술 한 상을 배터지게 차려서 먹이니

056 | 만주벌의 항일영웅 김좌진

그자들은 배를 두드리며 고두백배(叩頭百拜)를 하면서 꽁무니를 뺐다고 한다.

일세(一世)를 흔동(撼動)하던 청년시대 여력(膂力)

그가 한참 씨름판만 쫓아다닐 때에는 각처에서 모여드는 장사패가 몇 백 명이든지 그가 웃통을 벗고 달려들기만 하면 무인지경(無人之境)이라 손에 잡히는 대로 집어치는데, 그의 앞에는 감히 달려드는 사람이 없었고……그는 나중 판에 일등상으로 소를 탈 때쯤에 슬쩍 빠져나가서 상은 다른 사람에게 돌려주었다고 한다.

송아지를 내던져서 수십 명이 풍비박산

그가 양성(陽城) 오씨(吳氏) 집으로 장가를 들러 갔을 때 이야기다.

첫날밤을 치르고 나니 동네의 선머슴들이 수십 명이나 한 턱을 내라고 달려들며 족장을 치려고 하는지라 괘씸하게 생각한 그는 외양간으로 뛰어 내려가서 처가에서 기르던 커다란 송아지를 두 손으로 번쩍 들어 그자들의 머리 위로 메어쳐 그 서슬에 장난꾼들이 풍비박산하여 쥐구멍을 찾으며 그의 놀라운 여력에 입을 다물지 못하였다고 한다.

기운이 그만큼이나 엄청난 만치 음식을 먹는 것도 어지간하여, 한 번은 동무들과 먹기 내기를 하였는데 앉은자리에서 눌러 담은 큰 주발의 밥을 다섯 그릇이나 식은 죽 마시듯이 삼키고 부족하여 암소갈비 한 짝을 침 마를 사이도 없이 씹어 넘기고 외눈 하나 꿈쩍하지 않았다 한다.

조선일보 1930년 2월 16일자

김좌진은 장신에 거구로 타고난 장사였다. 지금으로 말하면, 몸짱(?)에 싸움짱(?)이었다고 할 수 있을 만큼 타고난 체형에 힘이 센 소년이었다. 물론 위의 일화들 속에는 다소 과장된 듯한 느낌을 주는 이야기도 있지만, 그가 남들에 비해 힘이 상당히 셌다는 것은 분명한 사실인 것 같다. 위의 일화들 속에서 괴력의 소년 김좌진은 주위 사람들이 벌벌 떨 정도로 무서운 힘을,

입이 딱 벌어질 정도로 놀라운 힘을 보여준다. 그러나 자세히 살펴보면, 무서운 괴력의 소년 김좌진의 이야기 속에는 누구보다 따뜻한 인간미를 지녔던 소년 김좌진이 숨어 있다. 예로 위에서 살펴본 『조선일보』 1930년 2월 16일자 기사를 보면, 그는 자신이 만난 강도들을 때려주기도 했지만 이후 그들을 모두 주막으로 데리고 가 술을 먹이는 넓은 아량을 보였다. 그리고 자신이 가진 힘으로 씨름판에서 승리하고도 상을 남에게 양보하는 미덕을 보였다. 이외에도 괴력 뒤에 숨겨진 그의 인간미를 엿볼 수 있게 하는 내용의 기사가 있다.

> 마을에 불이 나던지 큰물이 날 때에는 발 벗고 나서서 사람을 구하며 물건을 건져낼 뿐만 아니라, 가난한 사람을 만나면 입었던 옷이라도 벗어주는 성질이었으므로 소년시대의 김좌진은 동네 노인들에게는 신동이라는 지명을 받고, 젊은이들에게는 홍성의 영웅이라는 칭찬을 받고, 같은 동무들에게는 스승의 섬김을 받았다 한다.
>
> 동아일보 1930년 2월 14일자

위의 일화들을 토대로 볼 때, 어린 시절 김좌진은 강함과 부드러움을 동시에 지니고 있었다고 할 수 있겠다. 앞서 살펴본 영웅을 꿈꾸던 개구쟁이 소년, 강인한 힘을 지닌 소년, 그리고 그 속에 따뜻한 마음을 지닌 소년 모두가 김좌진이었다. 그리고 이러한 어린 시절의 특징과 성격들이 훗날 나라와 민족을 위해 만주벌판을 힘차게 달리는 백야 김좌진을 만들어냈다고 생각된다. 영웅을 꿈꾸던 개구쟁이 소년은 먼 훗날 자신이 꿈꾸던 것보다 더 멋진 영웅이 되었다.

▲ 김좌진장군 생가지 안내도

▲ 공부하던 시절 책들과 벼루

▲ 조선일보 1930년 2월 14일자

▲ 동아일보 1930년 2월 14일자

門東城洪（所名城洪）

▲ 홍성의 상징, 조양문(조남존 제공)

▲ 홍주 전경(1920년대)

▲ 홍주장터 풍경(1920년대)

▲ 홍주군 청사(1920년대)

▲ 홍성경찰서(1938년)

고향에서 애국계몽운동을
전개하다 **4**장

김 좌진의 민족의식 형성 배경과 그러한 민족의식이 바탕이 되어 이루어진 그의 애국계몽운동 행적에 대해 살펴보려 한다. 먼저 그의 민족의식 형성과 관련하여서는 그가 태어나고 자란 홍성지역의 당시 상황을 간략하게 정리해 본다. 사람은 사회적인 동물이기 때문에 당시의 사회적 상황에 어떠한 형태로든 영향을 받게 되어 있다. 따라서 당시의 홍성지역 상황을 살펴보는 것은 매우 중요하다고 할 수 있다. 다음으로 그 당시에 그가 만난 특별한 인연들에 주목하여 그들이 김좌진의 민족의식 형성에 끼친 영향에 대해 살펴보려 한다. 그리고 그의 애국계몽운동과 관련하여서는 크게 홍성에서의 호명학교 설립과 기호흥학회 참여 활동으로 나누어 구체적으로 살펴볼 것이다. 김좌진이 노비를 해방한 것 역시 계몽운동의 일환으로 볼 수 있는 부분이지만, 이는 앞서 다루었으므로 여기서는 이 둘만으로 한정하여 다루겠다.

1. 김좌진의 민족의식은 어떻게 형성되었나

구한말
홍성지역의 상황

그가 태어나고 자란 홍성지역에는 당시 크고 작은 일들이

있었다. 그중에서 한 가지만 대표적으로 살펴보면

의병전쟁을 들 수 있는데, 이것은 이 지역을

가시적으로 가장 크게 변화시킨 사건이었다.

이설(李楔)·김복한(金福漢) 민종식(閔宗植) 등이 중심이 된

의병 전쟁은 홍성지역의 인적·물적 기반을

송두리째 흔들어 놓았다. 이 전쟁으로 인해 1,000여

▲ 의병장 민종식

명에 달하는 의병 과 민간인이 사망하였고, 홍주성

주변 십리 이내가 거의

초토화되다시피 하였 다.

이와 같이 당시 홍성

지역은 의병전쟁을 비롯

하여 선교사의 입국 활동,

장시유통망의 재편 등의

일 들 로 외 적 으 로 도

▲ 의병장 김복한(가운데)

내적으로도 큰 변화를 겪게 된다. 당시 홍성의 상황을 '사회·경제', '교육'

두 부분으로 나누어 간략하게 살펴보면 다음과 같다.

먼저 사회·경제적인 면에서 당시 홍성은 여러 가지로 좋지 못한 상황이

었다. 홍성은 해상교통이 발달하게 됨에 따라 점차 서해안 교통의 중심지로

발전해 나가고 있었지만, 그러한 외중에 부작용이 생겨났다. 지배체제가 이

완됨에 따라 수적(水賊. 바다나 큰 강에서 남의 재물을 강제로 빼앗아 가는 도둑), 화적(火賊. 불한당)

등의 활동이 빈번하게 나타나게 되었던 것이다. 이로 인해 홍성 주민들은 경제적으로 생활에 어려움을 겪게 되었는데, 여기에 더해 지방관들의 수탈이 계속되고 있던 상황이었다.

다음으로 교육 면에서 주목되는 점은 홍성지역에는 을사늑약 직후까지도 사립학교가 없었다는 것이다. 이를 통해 근대 문물에 대해 보수적이었던 이 지역의 당시 분위기를 엿볼 수 있다. 대한자강회(1906년, 국민 교육을 강화하고 국력을 배양하여 독립의 기초를 다지기 위하여 설립된 구한말의 민중계몽단체) 지회나 사립 여학교 그리고 여성단체가 전무했던 사실이나 국채보상운동에서 여성들의 역할이 거의 파악되지 않는 것 역시 이와 무관하지 않다.

이러한 분위기는 1907년을 정점으로 점차 변화되기 시작하는데, 1908~1909년은 이 지역 교육운동의 전성기였다. 여기서 주목되는 한 가지 사실은 이후 살펴보게 되겠지만, 이러한 변화를 주도한 주체가 바로 김좌진 일가인 안동김씨 문중인들이었다는 것이다. 이들과 함께 군수 윤필(尹必)과 관찰사 김가진(金嘉鎭)도 근대교육 보급에 앞장섰다. 또한 서승태(徐承台)·이세영(李世永)·이상린(李相麟) 등 홍성의병진의 중심 인물들이 여기에 동참하였다. 이들에 의해 당시 설립된 대표적인 교육기관은 홍명학교·호명학교·덕명의숙·광명학교 등이었다. 그러나 아쉽게도 이들 중 일부는 교육 내용 부실, 중장기적인 방안 부재, 일제 탄압 등의 이유로 설립된 지 1~2년 만에 폐교되고 말았다.

한편, 을사늑약 이후 홍성군민들은 자강단체 지회를 조직하여 국권 회복을 위해 나섰는데, 대표적인 단체로는 번천면국채보상기성회와 기호흥학회 [1908년 1월 기호(畿湖) 지방을 중심으로 교육 진흥과 지역 개발을 위해 설립된 애국계몽운동단체] 홍성 지회가 있었다. 홍성지역의 국채보상운동과 사립학교설립운동은 이 두 단체에 의하여 주도되었다고 할 수 있다. 이들은 대부분 전·현직 관료, 즉 전통교육을 이수한 인물들로 이른바 '개신유학자'였다. 특히 기호흥학회 지회원들

▲ 갈산지역 전경

은 3면 1교제에 입각한 의무교육 시행을 계획하는 등 진보적인 모습을 보여 주었다.

　이와 같이 당시 홍성지역은 사회·경제, 교육 면에 있어서 모두 혼란스러운 상황이었는데, 이것이 김좌진의 민족의식 형성에 자극제가 되지 않았을까 생각된다. 그의 성품으로 미루어 볼 때, 그는 자신이 어려움에 처한 주민들을 위해, 나아가 나라를 위해 무언가를 해야 한다고 강하게 느끼게 되었을 것이다. 실제로 김좌진은 당시의 상황을 직시하고, 이를 바로잡기 위하여 호명학교 설립, 기호흥학회 등에 적극 참여하였다.

민족의식을 싹틔워 준 인연들

　　　　　김좌진은 4살이던 1893년 무렵부터 갈산에 있는 서당에 다녔고, 8살 즈음에 한문사숙(漢文私塾)에 입학하여 14, 15세 때까지 배웠던 것으로 전해진다. 그의 친구였던 김항규는 김좌진이 "한문사숙에 다닐 때부터 영재라고 근촌(近村)에 이름이 자자할"정도였다고 증언하였다. 이를 통해 볼 때 지적인 면에서 그는 영민하였던 것 같다. 그렇다면 왜 김좌진은 쉽게 갈 수 있던 입신양명의 길을 두고, 험난한 민족운동가의 길로 들어서게 되었던 것일까? 이를 알아보기 위해서는 유년 시절 그가 만난 특별한 인연들을 살펴볼 필요가 있다. 이들은 김좌진의 민족의식 형성에 결정적인 역할을 한다.

먼저 살펴볼 수 있는 인물은 김좌진의 한문사숙 시절 스승이었던 김광호(金光浩)이다. 그는 시국을 볼 줄 알고 학식과 덕망이 풍부한 사람이었다. 김광호는 자연스럽게 김좌진에게 의병활동과 독립협회운동 등 시국에 관한 이야기를 들려주게 된다. 이것이 김좌진의 인생을 바꾸어 놓게 되는 이야기가 될 줄은 꿈에도 모른 채 말이다. 이렇게 김광호는 김좌진의 인생에 큰 영향을 미치게 되었다.

다음으로 살펴볼 수 있는 인물은 김좌진과 같은 마을 출신으로 일찍이 개화사상을 가지고 있었던 김광호의 조카 김석범(金錫範)이다. 그는 당시로서는 파격적이었던 단발을 하였고, 독립협회의 활동에 활발히 참여한 신식 젊은이였다. 김좌진은 김석범이 들려주는 시국에 관한 이야기에 밤이 깊은 줄도 모를 만큼 빠져들었을 정도로, 그의 이야기와 생각에 귀를 기울였다고 한다. 이처럼 김좌진이 민족운동가의 길을 걸어갈 만큼의 강한 민족의식을 갖게 된 데에는 유년시절에 만난 김광호와 김석범, 이 두 사람의 영향이 컸다고 할 수 있다.

아래에서 소개할 김좌진의 범상치 않았던 두 개의 일화는 시기상으로 그가 한문사숙을 다닐 때 일어난 일들이다. 따라서 그가 이 일화들 속에서 보여주는 말과 행동은 일정 부분 김광호와 김석범으로부터 받은 영향에서 비롯된 것이라고 할 수 있을 것이다. 이를 구체적으로 살펴보도록 하자.

김좌진이 8, 9세 무렵의 일이었다. 김좌진은 여느 날과 다름없이 책을 읽고 있었고, 그날 그가 읽은 책은 『통감』[중국 북송의 사마 광(司馬光, 1019~1086)이 1065~1084년에 편찬한 편년체(編年體) 역사서]이었다. 그런데 김좌진은 그가 갑자기 일어나 읽던 책을 던져버렸다. 그리고 그는 그날 이후부터 글을 배우지 않았다고 한다. 어떠한 이유에서였을까? 이 사건의 발단은 책 속에 쓰여진 '서족이기성명이이'(書足而記姓名而已. 글은 성명을 기록하면 족하다)라는 글귀에서 비롯되었다. 이 글귀는 항우[項羽. 중국 진나라 말기의 무장으로 숙부 항량(項梁)과 함께 군사를 일으켜 유방(劉邦)과 협력하여 진나라를 멸망시키고 스스로 서초(西楚)의 패왕(覇王)이 된 인물이다.]의 고사를 인용한 것이다. 김좌진은 이 글귀에 크게 감명을 받았던 것이다. 그가 이 글귀에 크게 공감한 것은 어쩌면 당연한 일이었다. 당시 그는 시국에 관한 이야기를 귀 기울여 듣던 소년이었다. 따라서 책 속에 파묻혀 민족의 현실을 외면하는 것보다는 항우와 같이 민족을 위기에서 구하기 위해 큰 뜻을 품고 행동하는 것이 옳다고 생각했을 것이다. 즉, 이러한 행동은 그가 당시 김광호와 김석범로부터 영향을 받아 강하게 품게 되었던 민족의식에서 비롯된 것이었다고 할 수 있다. 실제로 김좌진은 이후 "독서하는 것으로는 병서(兵書)만 있었을 정도로", 전통적인 유학 공부보다는 군사 지식을 배우는 데 열중하였다고 한다.

또한 김좌진은 14, 15세 때에 이르러서는 준마(駿馬)를 즐겨 타며 용검(用劍)을 즐겼다. 그리고 항상 말하길 "남아가 세상에 나서 구구히 진부한 서책 밑에서 머리를 썩힐 것이 아니오, 위풍당당하게 준마를 타며 장검을 들고 우내(宇內)에 횡행하는 것이 쾌사(快事)"라 하였다고 한다. 이러한 행동들 역시 일정 부분은 김광호와 김석범으로부터 받은 영향에 따른 것으로 볼 수 있다. 당시는 러일전쟁이 벌어지던 시기였다. 시국에 관심이 많았던 그는 러시아와 일본이 대한제국의 주권을 위협하는 상황을 보고, 국가와 민족을 구하는 일에 앞장서야 한다는 민족적 각성을 하게 되었을 것이다. 그리고 이와 함께 일본이 러시아를 이긴 것을 보며, 민족을 위기에서 구하기 위한 방안을 자연스럽게 개화운동을 통한 민족의 실력 양성에서 찾게 되었을 것이다. 즉, 당시 김광호와 김석범으로부터 영향을 받았던 김좌진은 러일전쟁의 결과를 통해 학문보다는 강한 군사력이 더욱 중요하다는 것을 다시금 깨치게 되었다고 할 수 있다.

　결과적으로 김좌진이 당시에 만난 이 두 인물들로부터 큰 영향을 받고 강한 민족의식을 갖게 되었다는 것은 분명한 사실인 듯하다. 하지만 여기에는 짚고 넘어가야 할 중요한 사실이 한 가지 있다. 그것은 바로 이들이 영향을 준 것이지, 전혀 없던 김좌진의 민족의식을 만들어 낸 것은 아니라는 사실이다. 즉, 엄밀히 말하면 이들은 이미 심어져 있는 씨앗에 물을 주어 잘 자라나게 하는 역할을 한 것이라고 볼 수 있기 때문이다. 만약 그들이 김좌진의 민족의식을 온전히 만들었다고 한다면, 한문사숙의 선생이었던 김광호의 말을 들었던 제자들은 모두 민족운동가가 되었어야 한다. 따라서 김좌진은 기본적으로 이들을 만나기 이전부터 민족의식이라는 작은 씨앗을 품고 있었고, 이들로 인해 그 씨앗에 싹이 튼 것으로 보는 것이 옳을 것이다.

2. 계몽운동을 시작하다

호명학교 설립에 참여

　　　　　김좌진은 구한말 자신의 집을 개조하여 사립학교인 호명학교(湖明學校)를 만들었다고 전해진다. 이 학교의 이름은 '호서지역을 개명(開明)한다'는 뜻으로, 설립 목적은 개화와 신학문에 대한 교육이었다. 현재 호명학교에 관한 자료들은 거의 사라져 찾기 어려운 형편이지만, 그의 계몽운동과 관련하여서는 빼놓을 수 없는 부분이므로 현재까지의 연구 성과들과 신문 자료들을 바탕으로 하여 최대한 구체적으로 살펴보고자 한다.

당시 김좌진의 집은 갈산면 상촌리 325번지였다. 홍성군 토지대장에 따르면, 이 집은 1913년 7월 31일에 김좌진의 동생 김동진의 소유가 되었다. 이는 우리가 앞서 살펴본, 즉 김좌진이 노비 해방을 한 이후 그의 어머니 이씨가 모든 재산을 동생 김동진의 명의로 바꾸어 놓았다는 사실과 같다. 그 뒤 이 집은 1917년 11월 갈산공립보통학교로 변경된 것으로 나타나고 있다. 이 학교는 1917

▲ 호명학교에서 사용하던 산술 교과서

년 3월 6일 갈산면 상촌리에서 개교한 후, 1923년 현재의 갈산 중·고등학교 자리로 이전하였다. 갈산공립보통학교의 예전 건물은 건평은 62평, 대지는 865평, 학교 실습지는 219평이었다고 전해진다. 이건엽이 쓴 「백야 김좌진 장군의 서당생활」(홍주문화 9)에 따르면, 갈산면 상촌리 현 갈산중학교 서편 담장 옆 10미터 지점에 있는 기와집을 교실로 개조한 것이 호명학교였다.

알려진 바에 의하면, 이 학교는 반봉건 반외세 사상에 영향을 받아 만들어졌으며 학교의 운영에는 개화한 김석범이 큰 영향을 미쳤다. 이러한 호명학교는 학생들에게 신교육을 통한 국권 회복을 교육하고, 법률전문과를 설치하여 근대사회 시민으로서의 준법정신을 고취시키는 데 힘썼다. 그리고 홍성지역 사람들뿐만 아니라 이웃 동네 사람들까지 입학시켜 교육을 하였다고 한다.

당시 신문 자료들을 보면 김좌진의 호명학교 설립과 관련된 사실들을 확인할 수 있다.

> **호명학교를 설립, 향리 청년 양성**
> 그는 19세에 99칸 되는 자기 집에 호명학교를 설립하여 향리에 청소년을 양성하는 한편, 자기는 서울로 올라와서 노백린·윤치성 등 당시에 유명한 이들과 같이 사귀어 닥쳐오는 청년기의 활동을 준비하였으니, 때는 한참 일러전쟁 이후를 이어 조선에 여러 가지 파란을 감춘 암운이 떠돌아다닐 때였다.
>
> 『동아일보』 1930년 2월 14일자

> 그는 광무 말년 15세 되던 해에 이미 교육문제에 열중하여 80칸이나 되는 자기 집을 개방하고 호명학교를 설립한 후 일가를 찾아다니며 기부금을 모집하고자 자기의 논밭을 팔아서 경비를 썼는데……
>
> 『조선일보』 1930년 2월 15일자

위의 두 기사는 김좌진이 순국한 직후 단 하루 간격으로 보도된 것임에도 불구하고 몇몇 부분에서 큰 차이를 보이고 있다. 이를 통해 그와 관련된 정확한 자료를 얻기가 얼마나 어려운 것인지를 다시금 확인할 수 있다. 이러한 차이를 감안하고 위의 두 기사 내용을 보면, 호명학교는 김좌진이 소년시절에 설립하였으며 학교의 위치는 그의 집이었고 재정은 그의 재산과 그의 일가의 기부금으로 이루어졌다는 것을 알 수 있다. 또한 당시 김좌진의 집이 80칸 또는 99칸 등으로 불릴 만큼 큰 규모였다는 것도 미루어 알 수 있다.

한편, 이후 김좌진은 호명학교의 학감이 되어 활동한 것으로 전해진다. 이 시기는 김좌진이 동지들과 단발을 하고 노비를 해방하는 등 적극적인 계몽운동에 나선 때였다. 『조선일보』1930년 2월 15일자 기사에는 이와 관련된 그의 모습이 잘 나타나 있다.

> *16세에 학감이 되어 각지를 돌아다니며 연설*
> *그 이듬해에 16세가 된 그는 벌써 헌헌장부(軒軒丈夫. 외모가 준수하고 풍채가 당당한 남자를 일컫는 말)가 되어 호명학교의 학감의 요직을 맡아 새로운 교육을 제정하며, 인근 각처를 두루 돌아다니며 시국에 대한 열변을 토하였다고 한다.*
>
> *『조선일보』 1930년 2월 15일자*

호명학교 설립에는 김좌진 외에도 김병익·김병수·김병원·김선규·윤필 등 판서, 의관, 군수 등을 거친 전직 관료들이 참여하였다고 알려져 있다. 흥미로운 것은 이들 중 윤필을 제외하고는 모두 안동김씨 문중인들이라는 사실이다. 이렇게 본다면 호명학교는 '문중(門中)학교'나 다름없었다. 이들과 함께 유지인사 20여 명도 찬성원으로 가담하는 등 재정적인 지원에 나섰다고 한다. 이러한 사실들을 토대로 보면, 호명학교는 김좌진이 독단적으로 설립하였다기보다는 그가 문중 어른들을 도와 설립에 기여하였다고 보는 것이 옳을 듯하다.

호명학교의 활동에도 다양한 인물들이 참여하였다. 당시는 근대교육이 보급됨에 따라 일부 지방관들이 흥학(興學)을 막중한 직무로서 인식하기 시작한 때였다. 이러한 분위기 속에서 주민들도 지방관들에게 학교 설립·운영에 동참할 것을 요청하고 있었다. 호명학교장으로 공주부관찰사 김가진이 취임하게 되었던 것도 이러한 분위기에 따른 것으로 보인다.

기호흥학회 홍성지회
가입과 활동

앞에서 간략하게 살펴보았지만, 이 당시 홍성지역은 눈에 보이는 변화 외에 내부적으로도 격심한 변화를 겪게 된다. 그 변화는 계몽운동 움직임에서 시작되었다. 당시는 외세의 침략이 가속화됨에 따라 식민지화에 대한 위기의식이 고조되던 때였다. 이러한 시대적인 분위기로 인해 의무교육이 자강론(스스로 부강한 나라를 만들자는 논리)자들의 주요한 관심거리로 떠오르기 시작했고, 각종 협회들의 움직임도 활발해졌다.

그 예로 대한협회(大韓協會, 1907년 창립된 한말의 정치단체)는 당시 100여 지회를 설립하는 등 문화계몽운동 확산에 노력을 기울였다. 충남지방의 대한협회 지회는 홍성, 직산, 정산, 은진, 부여 등에 있었다. 기호흥학회 역시 지회 설립 인가에 나섰다. 충남지방 최초인 서산 지회는 1908년 5월 10일에 인가되었다. 박상회 등 76명이 지회 설립 인가를 청원하였고, 본회는 시찰 중지와 동시에 이를 인허하였다. 기호흥학회 홍성 지회는 이듬해 설립 인가를 받게 된다. 홍성 지회의 초기 임원진은 회장 서병태, 부회장 김시원, 총무 서승태, 교육부장 장이환, 재정부장 이남종, 회계 현석동, 서기 이충호·이철배, 간사 한영욱·이찬세, 평의원 김교흥 등이었다. 얼마 후 회장 김병수, 부회장 김열제 등으로 일부 임원진이 교체되었다.

이와 같이 변화의 바람을 타고 홍성지역에도 각종 협회의 지회가 설립되는 등 계몽운동의 움직임이 활발해졌다. 당시 홍성에 설립된 이러한 협회들과 김좌진의 관계는 어떠했을까? 이와 관련된 몇몇 기사들을 찾아볼 수 있는데, 우선 아래의 1930년 2월 16일자 『조선일보』 기사는 김좌진이 대한협회 홍성 지회에 참여하였다고 기록하고 있다.

> 대한협회 지회 창립, 호서교육회(湖西敎育會)도 병설
> 그러나 시국은 날로 변하고 날로 기울어져서 기운 자랑과 마상(馬上)의 소일만
> 하고 있을 때가 아니라고 생각하여 한편으로 대한협회 지회를 창립해 유지들과
> 연락을 취하여 호서교육회를 설치해 육영사업에 몰두하는……
>
> 『조선일보』 1930년 2월 16일자

그러나 이것을 기정사실로 받아들이는 것에는 조금 더 신중을 기해야 할 것 같다. 김좌진이 회원이었을 가능성을 전혀 배제할 수는 없지만, 그렇다고 이것을 확증해줄 만한 자료도 사실상 없기 때문이다. 이와 관련하여 이 분야 전문가인 김형목은 그의 연구 논문에서 김좌진과 이상린 등이 대한협회 홍성지회원이었다는 주장은 재고의 필요성이 있다고 했다. 그는 『대한협회회보』나 당시 간행물 등에서 이들이 회원임을 밝힐 수 있는 기록을 전혀 찾을 수 없다는 것을 그 이유로 들었다. 이들의 활동이나 행적이 보다 면밀히 밝혀져야 확실히 인정될 수 있는 부분이라는 것이다.

이와 달리 김좌진이 기호흥학회 지회원이었다는 것은 분명한 사실로 인정되고 있다. 『기호흥학회월보』에는 이 시기를 전후하여 김좌진 등 안동김씨 문중인사가 대거 기호흥학회 지회원으로 가담하였다고 분명하게 기록되어 있기 때문이다. 그가 기호흥학회 지회원이었다는 사실은 아래에 인용한 『조선일보』 1930년 2월 16일자의 한 부분에서도 찾아볼 수 있다.

> 한편으로 서울의 동지들과 악수하여 기호흥학회 지회를 거듭 설치하고,
> 스스로 중요한 책임을 어깨에 지고, 틈이 나는 대로 각 도시로 두루 다니며……
> 신조약 체결을 반대하는 열변을 토하였다고 하는데…….
>
> 『조선일보』 1930년 2월 16일자

김좌진은 이처럼 혼란했던 당시의 홍성에서 기호흥학회 지회에 가입해 활동하였다. 기호흥학회 지회의 주요 활동은 근대교육기관 설립 및 후원과 주민에 대한 계몽이었다. 김좌진은 기호흥학회를 통해 계몽운동에 적극 참여하였다.

이번 장을 정리해 보면, '진취적이며 장난꾸러기였던 어린 김좌진은 자라면서 만난 인연들로부터 잠재되어 있던 민족의식을 깨치고, 이후 조국이 위기에 처하자 계몽운동에 적극적으로 참여하였'고 할 수 있겠다. 개구쟁이였던 어린 김좌진은 이렇게 민족의식으로 똘똘 뭉친 소년으로 성장하였다.

▣ 선비의 고장 홍성

김좌진이 태어나고 활동한 홍성은 선비의 고장으로 유명하다. 작가 김동리(金東里)가 "홍주(홍성의 옛 이름이다. 1914년 4월 1일 군, 면의 통폐합령에 따라 '홍주'에서 '홍성'으로 개칭되었다)인은 충청도를 대표한다"고까지 말했을 정도로 홍성지역은 다른 지역보다 선비정신이 유달리 빛났던 지역이다. 그에 따라 홍성에서는 유명한 인물들이 많이 배출되었는데, 대표적으로 김좌진을 비롯하여 고려 말에 요동정벌을 주장한 최영(崔瑩) 장군, 한말 의병전쟁을 주도한 김복한(金福漢) 등이 있다. 홍성은 나라가 위기에 처할 때마다 나라를 지키기 위해 끈질기게 투쟁한 대표적인 지역으로 손꼽힌다. 그러한 기상의 한 예가 바로 '임존산성'이다. 이 산성은 백제 의병군이 신라와 당나라 침략군과 맞서 싸운 흔적이다. 이상을 보면, 김좌진이 홍성에서 태어난 것 역시 어쩌면 정해진 운명이었던 것일지도 모르겠다.

▼ 홍주성

▣ 호명학교의 과거와 오늘

아래 사진은 호명학교 옛터(현재 갈산 중·고등학교)의 전경이다. 구체적으로는 아래쪽 사진 자리로 추정된다. 호명학교는 현재 홍성군에 의해 복원사업이 진행되고 있다.

▣ 홍성지역과 김좌진 장군

홍성지역은 홍성 출신인 백야 김좌진 장군을 기리기 위해 많은 노력을 기울이고 있다. 그 한 예로 홍성군은 아래의 사진에 실린 김좌진 장군 기념관을 마련해 두고 있으며, 그를 위한 추모제를 갖기도 한다.

▲ 김좌진 장군 기념관

▲ 김좌진 장군의 사당 백야사

서울에서, 본격적으로
독립운동에 뛰어들다 **5**장

이제부터는 김좌진의 본격적인 독립운동 활동을 구체적으로 살펴보려 하는데, 이번 장에서는 그중에서도 만주로 망명하기 이전 국내에서 벌인 주요 활동들을 다루려 한다. 그의 국내에서의 의거 활동은 크게 군자금 마련을 위해서 벌인 활동과 출옥 이후의 대한광복회 활동으로 나누어 볼 수 있다. 이를 다양한 자료들을 통해 살펴봄으로써 당시의 의거 상황을 구체적으로 확인해 보고자 한다. 이에 앞서 서울에서 의거 활동을 시작하기 전 김좌진의 모습을 간략히 살펴보겠다. 의거 활동을 떠나 인간 김좌진, 즉 홍성의 시골 소년이 서울로 상경하여 어떠한 모습을 보였는지를 살펴보는 것도 의미가 있을 것으로 생각된다.

1. 서울에서도 여전히 풍운아

김좌진은 유년시절 홍성에서 다양한 활동과 대범한 행적들을 보여주었다. 자라나면서 그에게 홍성은 좁게 느껴졌던 것일까? 김좌진은 1907년경 활동무대를 넓혀 서울로 상경하였다.

서울로 올라온 그가 어떠한 모습이었고, 또 어떠한 활동을 하였는지에 관해서는 많은 이야기가 전해지고 있다. 하지만 앞의 경우와 마찬가지로 이것이 사실인지 아닌지를 판단할 수 있는 자료는 현저히 부족한 실정이다. 때문에 상세한 기록이 없는 부분에 대해서는 사실로 받아들이는 것에 신중을 기해야 한다. 다음의 경우가 그러한 예이다. 서울에서의 그의 모습 중 전해지는 바에 따르면, 그가 서울에 올라와 출계(出系)한 형의 집(연건동 278번지-2호)에 머물면서 육군무관학교에 다녔다고 한다. 그러나 이 부분에 대해서는 정확한 기록이 없어 좀 더 면밀한 검토가 필요하다.

이러한 상황에서 아래의 기사는 서울에서의 그의 모습과 관련해 흥미로운 내용을 담고 있다.

▼ 서울전경

일대의 풍운아로 경성에 두각 노출

　홍성 고향을 떠나 서울로 올라와서 당시의 풍운아들만 골라서 사귀던 김좌진 씨는 뛰어난 무예와 호탕한 성격으로 여러 사람의 존경을 받게 되어 넓은 장안에 그의 존재가 날마다 뚜렷하게 나타나기 시작하였다. 무슨 물건을 살 때나, 무슨 인력거를 탈 때에도 돈을 세어주는 일이 없고, 주머니에 있는 대로 손에 잡히는 대로 내어주어 곁에 있는 사람들을 놀라게 하며, 술을 먹을 때에도 대접으로, 밥을 먹을 때에도 통으로 먹어야 만족하는 성질이었다 한다.……갈비 한 짝과 염통 하나를 동시에 먹어버리는 대식가였다고 한다.

『동아일보』 1930년 2월 15일자

　위의 기사는 독립운동가 김좌진이 아닌, 인간 김좌진이 서울에서 어떠한 모습이었는지를 엿 볼 수 있게 한다. 홍성과 서울은 확연히 달랐다. 홍성은 예로부터 김좌진의 가문이 중심에 서 있던 지역으로 그가 어렵지 않게 주목 받고 대접받을 수 있는 장소였다. 하지만 서울은 그렇지 않았다. 그보다 더 좋은 가문의 사람들도 많았을 것이고, 그를 모르는 이들이 대다수였던 낯선 지역이었다. 그런데도 위의 기사 속 김좌진의 모습은 홍성에서의 모습과 크게 다르지 않다. 그의 풍운아적인 모습들은 서울에서도 여전하였던 것이다. 서울에서 김좌진은 그의 본 성품대로 장안의 풍운아들을 두루 사귀었으며, 대식가로서의 모습과 호방한 성격을 그대로 드러내었다. 탁월한 무예와 호탕한 성격이 그를 금세 장안의 화제로 만들었던 것이다. 이 기사를 통해 우리는 김좌진이 자신의 인간적인 성품만으로도 낯선 서울에서 여전히 중심에 서 있었음을 확인할 수 있다.

　이렇게 홍성의 시골 소년은 주목을 받으며 서울이라는 넓은 무대에 우뚝 서게 되었다. 그리고 이즈음 홍성에서 형성된 그의 민족의식 역시 조금씩 기지개를 펴기 시작하였다.

2. 치열했던 군자금 마련 운동

홍성에서 이미 계몽운동에 참여해 민족을 위한 활동을 펼친 바 있던 김좌
진의 민족의식은 서울에서도 여전히 꿈틀거렸다. 그리고 그것은 무대가 넓
어진 만큼 더욱 크게 전개되었다. 1910년 일제에 의해 조선이 강점되자, 김
좌진은 그해 겨울 큰 결심을 하게 된다. 그 결심은 바로 군자금을 모아 서간
도지역에 독립운동기지를 건설하겠다는 것이었다.

이창양행 설립

서울로 상경한 김좌진은 한때 수송동에 위치한 사범부속
학교 부속 고아원에서 총무로 일하였고, 그 기간에 또 한편으로는 『한성
신보』의 이사직을 겸임하였다고 전해진다. 그랬던 그가 어느 날 '이창양행'
이라는 상회와 염직회사를 설립하고자 한다. 왜였을까? 서울로 올라오고
나니 상업과 무역업에 관심이 생겼던 것일까? 이 물음에 대한 답은 몇몇
신문기사들을 통해 확인해 볼 수 있다. 먼저 『매일신보』 1910년 9월 29일자
기사는 김좌진이 염직회사를 설립하려 했다는 사실을 보여 준다.

> **염직 청원의 퇴각**
> *조종서, 김좌진 씨 등이 한성 내에 염직회사를 설립할 목적으로 농상공부에*
> *승인을 얻기 위하여 작년 가을에 청원서를 제출하였는데, 수개월이 지났으나*
> *조처가 없다고 하더니 며칠 전에 이 청원을 퇴각하였다더라.*
>
> 『매일신보』 1910년 9월 29일자

위의 기사를 통해 우리는 김좌진이 조종서 등과 함께 등이 농상공부에 염
직회사 설립 청원서를 제출하였지만 수개월이 지나도 받아들여지지 않았다
는 것을 알 수 있다. 다음으로 김좌진의 이창양행 설립과 관련된 사실은 아

래의 기사들을 통해 자세히 확인해 볼 수 있다.

경술년 정변 후에 이창양행을 설립

이렇게 남다른 용력을 가지고 남다른 체격을 가지고 남다른 인격과 지략을 가진 김좌진 씨는 포부와 희망도 남과 달라서 경술년 정변이 일어나자 시국에 많은 불평을 품고, 관수동에 있는 지금 대관원 자리에 이창양행이란 무역상을 만들어 두고 북간도 신의주 등지에 지점 형식의 기관을 두어……기회를 엿보고 모종의 준비를 하고 있던 남북만주와 비밀 연락을 취하였다고 한다. '서족이기성명이이'라는 항우를 본받아 병서와 승마만 공부하던 그가 돈에는 별 뜻이 없었음에 이창양행이 생긴 지 얼마 되지 아니하여 없어진 것도 이상할 것이 없었다.

『동아일보』 1930년 2월 15일자

의병 출신들을 규합, 비밀결사를 조직해

잠시도 자리에 앉을 새 없이 맹렬한 활동을 개시한 그는 여가만 있으면 각처를 돌아다니며, 의병을 꾸미던 사람들 중에 두목을 찾아서 의연히 힘을 취하여 지금 관수동에 있는 중국 요리집 대관원(大觀園) 자리에 이창양행(怡昌洋行)이란 간판을 큼직하게 내걸었는데, 내용인즉, 금고 1개, 석탄 몇 섬과 석유 몇 통을 엉성하게 벌여놓았을 뿐이요, 그 집에 들고나는 사람들은 의병 출신이 아니면 하루에 삼백리씩이나 걸음을 걷는 사람이나 구척장신의 장사패들이었다.

경관의 포위 중에서 유유히 명부를 태워

국사는 날로 기울어 통감부가 왜성대(倭城臺) 꼭대기에 들어앉은 뒤라. 불행히 비밀결사가 발각되어 하루아침에 순검 20여 명이 폭풍우같이 달려들어 이창양행을 에워싸고 집안으로 침입하려는지라 위급한 경우를 당한 그는 피신할 생각도 하지 않고 수백 근이나 되는 철퇴를 번쩍 들어다가 문을 막아 놓고 밖에서 들어오지 못하여 무진 애를 쓰는 경관들의 눈앞에서 유유히 비밀문서를 꺼내어 동지들의 이름을 적어둔 명부를 불에 태워 재를 만든 뒤에야 포승을 받았다고 한다. 그리하여

강도 미수라는 엄청난 죄명으로……철창에 갇힌 호랑이의 신세를 지었다는 것이다.

『조선일보』 1930년 2월 17일자

위의 기사들은 당시의 상황을 구체적으로 그릴 수 있게 해준다. 우리는 위의 내용들 속에서 앞서 품었던 물음에 대한 답을 얻을 수 있다. 즉, 김좌진이 이창양행을 설립한 이유에 대한 답인데, 위의 내용들에 따르면 그것은 단순한 호기심, 또는 돈을 벌기 위한 목적에서 비롯된 것이 아니었다. 이창양행 설립은 구국운동을 전개하기 위한 원대한 뜻에서 비롯된 이유 있는 행동이었던 것이다. 즉, 그는 의병들과 연락을 하기 위해 이창양행을 설립하였다.

위의 여러 기사들 중에서도 특히 마지막 기사의 내용에 주목할 필요가 있다. 기사의 내용을 토대로 당시의 상황을 정리해 보면 다음과 같다. 통감부에서는 김좌진이 설립하여 활동 중이던 이창양행이 의병들과 접촉한다는 정보를 입수해 그의 행동을 주시하고 있었다. 어느 날 아침 일본 경찰 수십 명이 이창양행으로 들이닥치게 되는데, 이때 김좌진은 철궤를 들어 문을 막고 비밀문서들을 모두 불태워버렸다. 그는 일본 헌병이 들이닥쳐 자신이 위기에 처한 상황에서도 자신보다는 동료들의 안전을 위해 도망도 가지 않고 명부를 불태웠던 것이다. 보통의 사람들은 결코 할 수 없는 일로 우리는 여기서 인간 김좌진의 참모습을 엿볼 수 있다. 그는 이와 같이 서울에서도 자기 자신보다는 좁게는 동료들을 위해, 넓게는 나라와 민족을 위해 활동하였던 것이다.

기사의 내용을 통해서도 확인할 수 있듯이 김좌진은 이 일로 체포되어 감옥생활을 하게 된다. 다음 절에서는 바로 그가 감옥에 이르게 된 이 일이 구체적으로 어떠한 것이었는지, 즉 그가 비밀명부를 불태우면서까지 지키려한 동지들과 벌인 일이 어떠한 것이었는지를 살펴보려 한다. 김좌진이 이창양행을 거점기지로 설립하면서까지 벌였던 치열했던 군자금 모금 활동을 구체적으로 살펴보자.

모금 활동

　　김좌진이 체포되었을 당시 보도된 『매일신보』 기사의 내용을 살펴보면 다음과 같다.

> ### 명문가 후예와 강도
>
> *남부 갑동 김좌진, 북부 삼청동 안승구, 중부 상마동 민병옥,……조형원, 남정면, 북부 삼청동 김찬수, 북부 원동 박종원, 이 7인은 작년 겨울에 단도(短刀)를 갖고 북부 재동에 살고 있는 남정철 씨와 서부 한림동 살고 있는 우성모 씨와 중부 하청석동에 살고 있는 신성균 씨 등 집에 돌입하여 금전과 물품을 강탈, 분취하고 그 후에는 중부 교동에 거주하는 최용환·김종근 두 집에 돌입하여 금전을 강탈하기로 도모하다가 그 뜻을 이루지 못하였고…….*
>
> *『매일신보』 1911년 3월 7일자*

　　김좌진은 이처럼 일제의 침략으로 나라가 위기에 처하자, 황해도 배천의 유학자 안승구[1] 등 여러 동지들과 함께 만주에 독립운동기지를 건설하기 위한 군자금 모금운동을 벌였다. 하지만 이 신문기사 내용만으로는 그 의거의 전개 과정이 어떠하였는지, 함께 한 동지들이 어떠한 이들이었는지 등을 자세히 확인할 수가 없다. 그런데 다행스럽게도 이러한 갈증을 해결해 줄 수 있는 자료가 최근 새롭게 발견되었다. 김좌진의 투옥 사실과 관련하여 국가기록원에서 발견한 자료인 고등법원 형사재판 원본(경성 공소원 형사부, 1911년 6월 7일)과 판결 원본철(1911년 6·7월 판결 원본철 경성공소원형사과, 국가기록원 소장)이 그것이다.

　　여기에는 김좌진의 인적 사항이 "성명 김좌진, 주소 경성 남부 갑동 36통 4호, 직업 석유 및 석탄상"으로 되어 있다. 또한 기록에 의하면 김좌진의 당시 연령은 23세였다. 이와 같이 이 기록은 신문기사만으로는 알 수 없었던 구체적인 사실들을 확인시켜 준다. 여기에는 위의 신문기사 내용에 있는 이

---

1) 안승구의 손자 안희찬과의 면담

들과 관련한 사항 역시 상세히 기록되어 있는데, 그와 함께 체포된 안승구(安承龜), 민병옥(閔丙玉), 조형원(趙亨元), 김찬수(金燦洙)에 대해서는 다음과 같은 사실들을 확인할 수 있다. 먼저 안승구는 주소는 경성 북부 삼청동이며, 직업은 무직, 나이는 26세였다. 그리고 민병옥은 주소는 경성 중부 빈선방 상마동이며, 직업은 순사보, 나이는 24세였다. 다음으로 조형원은 주소는 경성 북부 삼청동 25통 5호이며, 직업은 무직, 나이는 22세였다. 마지막으로 김찬수는 주소는 경성 북부 삼청동이며, 직업은 무직, 나이는 30세였다.

이를 통해 1910년 말, 1911년 초에 있었던 김좌진의 의거가 그의 단독 행동이 아니라, 안승구 등 여러 동지들과 함께 이루어낸 것이었다는 사실을 확인할 수 있다. 이들 가운데 김찬수는 청산리전투 때 북로군정서의 중대장으로 참가하는 등 김좌진과 계속적으로 인연을 맺는 인물이다. 한편 순사보였던 민병옥은 일제의 경찰기관에 근무하면서도 김좌진과 함께 활동하였음이 주목된다. 이 고등법원 판결문에 따르면, 이 재판에서 김좌진은 징역 2년, 안승구·민병옥은 징역 7년, 조형원과 김찬수는 각각 징역 5년을 언도받았다.

우리는 이 판결문의 기록들을 통해 당시 김좌진의 의거 활동 내용도 구체적으로 살펴볼 수가 있다.[2] 1911년 5월 17일, 경성지방재판소에서 언도한 유죄 판결에 대해 각 피고가 공소를 신청한 것을 고등법원에서 심판한 내용에 근거하여 그의 의거(일제는 '강도피고사건'이라고 하였다)의 개요를 서술하여 보면 다음과 같다.

김좌진은 동지 남정면(南廷冕), 박종원(朴鍾元) 등과 함께 일제의 감시를 피해 서간도지역에 독립운동기지를 마련하려는 계획을 세웠다. 그러나 문제는 군

---

2) 여기에 더해 김좌진의 의거활동과 관련해서는 『매일신보』에 실린 다음의 기사들이 참고될 수 있다. 「명가 후예와 강도」(1911년 3월 7일자),「명가 후손의 패행」(1911년 3월 19일자), 「강도 압송, 북부경찰서에」(1911년 3월 16일자),「양범선사(兩犯先査)」(1911년 3월 21일자), 「김좌진 등의 개연기(開 延期)」(1911년 4월 15일자),「칠명의 강도의공판」(1911년 4월 22일자),「김좌진의 불복」(1911년 4월 25일자),「칠범의 제2회 공판」(1911년 5월 4일자),「삼범의 제2회 공판」(1911년 5월 7일자), 「김좌진의 재산조사」(1911년 5월 7일자),「칠범의 제3회 공판」(1911년 4월 15일자),「각 범의 선고」(1911년 5월 18일자).

자금이었다. 김좌진의 경우 재산을 모두 소작인들에게 무상으로 분배해 주었기 때문에 재산이 거의 없는 형편이었다. 그리하여 김좌진은 안승구, 민병옥, 조형원, 김찬수, 이영렬(李永烈) 등과 함께 상의하여 군자금 모금을 추진하였다.

첫 번째 의거는 1910년 12월 14일 밤에 이루어졌다. 안승구는 몽둥이를 가지고, 민병옥과 조형원은 쇠칼(牛刀)을 가지고 경성 서부 반석방 한림동에 거주하는 우성모(禹聖模)의 집으로 갔다. 안승구와 조형원은 문앞에서 망을 보고, 민병옥·이영렬·김찬수는 방 안에 들어가 돈 4원과 은제 5작 2개, 은제 반지 15개, 은 귀고리 한 개를 빼앗았다.

두 번째 의거는 안승구와 민병옥이 다시 상의하여 서간도지역 근거지 마련을 위한 군자금을 얻을 목적으로 시행하였다. 그들은 1910년 12월 17일 밤에 경성 북부 제동 남정철(南廷哲)의 집에 들어가 그로부터 20원을 받았다. 남정철의 집에서는 비교적 쉽게 거사가 성공한 셈이었다.

세 번째 의거는 김좌진, 안승구, 민병옥, 김찬수, 조형원, 남정면, 이영렬, 박종원 등이 김좌진의 종증조부인 김종근(金宗根)의 집에 들어간 사건이었다. 1911년 1월 어느 날 밤 민병옥 외 1명은 각각 쇠칼을 가지고, 김좌진은 다른 사람들을 데리고 경성 중부 한동에 거주하고 있던 김종근의 집 근처에 이르렀다. 그러나 김종근은 큰 부호였기 때문에 집안에 사람들이 많아 계획을 추진하기가 쉽지 않았다.

이에 김좌진 등은 재차 의논하고 민병옥 외 1명을 보내어 같은 달 어느 날 밤중에 김종근의 집을 털기로 하였다. 그러나 이날의 거사 역시 사람들이 많아 실패하고 말았다. 이에 김좌진은 민병옥, 김찬수, 남정면과 재차 상의하여 다른 집을 알아보기로 하였다. 그래서 택한 집이 경성 북부 소안동에 있는 오명환(吳明煥)의 집이었다. 민병옥이 쇠칼을 들고 집 외문으로 들어갔으나, 이 역시 사람들이 많아 하는 수 없이 철수하였다. 이것이 네 번째 의거였다.

다섯 번째 의거는 김좌진이 민병옥, 조형원, 김찬수, 남정면 등과 함께 의논하여 부호 어호선(魚浩善)의 집을 택한 사건이었다. 1911년 1월 20일 밤에 일행 모두가 경성 북부 간동 어호선의 집 부근에 도착하였다. 그러나 민병옥의 얼굴을 알고 있던 어호선의 손자 어갑수(魚甲壽)가 밖에 나와 있어 거사를 성사시키지 못하고 돌아왔다.

여섯 번째 의거는 안승구가 거주하는 경성 중부 청석동 신좌현(申佐鉉)의 집에 현금 900원이 있다는 소식을 듣고 이것을 빼앗고자 한 것이었다. 김찬수, 조형원, 남정면, 이영렬 등과 상의하여 1911년 2월 28일 밤에 신좌현의 집에 도착해 신좌현의 아버지인 신성균(申性均)의 손을 묶었는데, 이때 신좌현의 동생 신우현(申佑鉉)의 처 구(具)씨가 뒷담을 뛰어넘어 피하는 바람에 목적한 재물을 모두 얻지 못하고 도망하였다.

이렇게 김좌진을 중심으로 한 혁명동지들은 군자금을 마련하기 위하여 치열한 의거 활동을 벌였다. 그런데 흥미로운 사실은 이러한 이들의 활동을 향해 일본이 '강도' 행위라며 맹렬히 비난하였다는 것이다. 물론 자신의 것이 아닌, 타인의 것을 빼앗는 행위는 강도 행위로 잘못된 것이 분명하다. 그러나 이들의 활동을, 그것도 일본이 감히 강도 행위라고 명할 자격이 있을까? 이들은 일본처럼 자신들의 이익을 위해 남의 것을 빼앗은 강도가 아니었다. 오히려 강도(일본)에게 귀중한 것(나라)을 빼앗겨 고통받고 있는 남(우리 민족)을 위해 자신의 인생을 희생한 이들이었다. 단지, 조국이 강점된 극한의 상황 속에서 자체적으로 군자금을 해결할 수 없었던 그들이 선택할 수 있는 방법이 그것뿐이었던 것이다. 그들에게는 서울의 부유한 집들에서 군자금을 얻는 것이 유일한 방법이었기 때문이다. 하지만 이 역시도 쉽지 않아 김좌진은 자신의 증조부의 집까지 그 대상으로 삼을 수밖에 없었던 것이다.

이와 같이 치열하고 희생적이었던 김좌진의 의거 활동의 결과는 안타깝게도 체포와 투옥이었다. 본인이 스스로 결정하여 이루어진 결과라 해도 그에게는 가혹한 시련이었을 것이다. 그러나 김좌진의 이 시련은 결과적으로는 그가 민족을 위해 다시 한 번 더 깨어나게 되는 계기가 된다. 출옥 이후 그는 또 한 번 크게 성장하게 되기 때문이다. 따라서 지금에 와서 보면 일본은 그때 큰 실수를 한 것이다. 일본이 훗날 만주벌판의 호랑이가 될 김좌진을 더욱 강하게 만들어준 셈이 되니 말이다.

3. 출옥 후 대한광복회 부사령관으로 활동

출옥 후, 다시 한 번
더 깨어나다

김좌진은 1913년 9월, 복역을 마치고 감옥에서 출소하였다. 하지만 그에게 바깥 세상은 감옥 안에서의 세상과 별반 다르게 느껴지지 않았다. 그 이유는 일제 침략하에 놓여 있던 바깥 세상이 감옥 안에서의 어두운 세상과 닮아있었기 때문이다. 이런 이유에서였을까? 김좌진은 출소 이후 또다시 고향 홍성에서 독립운동을 시작하였다. 그러다 일제에 체포되어 홍성 헌병대에 10개월간 수감되기도 하지만,[3] 그는 계속해서 독립운동을 하였다. 그러던 그가 다시 서울로 올라오게 되는데, 이때 그는 다소 방종(放縱)한 생활을 하였다고 전해진다. 이는 자신의 뜻을 마음껏 펼칠 수 없는 현실에 대한 불만에서 비롯된 것이 아니었을까? 감옥생활이라는 시련을 겪은 이후 다시 독립운동을 이어나갔지만 일제에 의해 계속 벽에 부딪히게 되면서 그는 답답한 심정을 느끼게 되었을 것이다. 그러니 김좌진은 이즈음 알게 되는 몇몇 인물들과의 만남을 계기로 하여 이러한 모습을 털어내고 다시금 새롭게 깨어나게 된다. 이를 살펴볼 수 있게 하는 기사는 다음과 같다.

---

3) 박영석, 「백야 김좌진장군 연구」, 『국사관논총』 51, 국사편찬위원회, 1994, p.194

노백린, 윤치성 등과 군사학을 집중 연구

감옥에서 나온 뒤에 그는 다소 방종한 생활을 하였으나, 당시에 일본에서 사관학교를 졸업하고 돌아온 신진기예(新進氣銳. 새로 나타난 신인으로서 뜻과 기상이 날카로운 이를 일컬음)한 노백린, 윤치성 씨 등과 남다른 튼튼한 교분을 맺어 가지고, 그들에게서 새로운 군사학을 배워 연구하는 것에 몰두하였는데, 그때 구식의 병서(兵書)에서 얻은 묵은 지식을 버리고 새로운 최신의 군사 지식을 얻은 것이라 한다.

이전에는 불기불반(不羈不絆)하고 호탕하기가 짝이 없던 그는 그 당시부터 차차 장년기로 들어가게 되어 성격도 침착하여지며 매사를 치밀히 처리하였으니, 그의 일생으로서는 중대한 전환기에 다다랐던 것이다.

『조선일보』 1930년 2월 17일자

위의 기사 내용과 관련 사실들을 더해 출옥 이후의 그의 행적을 정리해 보면 다음과 같다. 김좌진은 이창양행 비밀결사 사건으로 체포되어 석방된 바로 당시에는 한동안 방종한 생활을 하였다. 처음으로 겪게 된 투옥생활과 이후의 계속된 시련은 그를 육체적으로나 정신적으로 지치게 만들었을 것이다. 이것은 어찌 보면 그의 인생에 있어 큰 고비였다. 그러나 시련은 또 다른 시작을 위한 출발선이라고 했던가. 그에게 이 시련은 결과적으로 새로운 출발선을 제공해 주었다. 풍운아적 성격을 지녔던 그에게 계속된 시련은 실의를 안겨주었지만, 항상 가슴속에 나라와 민족을 품고 있던 그였기에 그 시간과 경험이 한편으로는 어떠한 깨달음으로 다가왔던 것이다. 즉, 그에게 있어 감옥에서의 생활과 계속된 독립운동의 실패는 구식 병서를 바탕으로 한 의병 출신 중심의 전

▲ 이갑

▲ 유동열

통적인 방식으로는 일제에 더 이상 항거할 수 없음을 분명히 인식하게 하는 계기가 되었다. 그는 새로운 군사력으로 일본을 제압해야 한다는 것을 감옥 생활과 이후 이어진 시련을 통해 확실히 깨닫게 되었던 것이다.

실의와 깨달음에 동시에 빠져있던 혼란스러운 그에게 그 즈음 등대와 같은 이들이 나타나게 된다. 그들은 새로운 출발선상에 서 있던 김좌진이 앞으로 나아갈 수 있도록 도와준 된다. 그들은 당시 일본에서 사관학교를 졸업하고 돌아온 신진기예들로 구체적으로는 윤치성[尹致晟, 윤치영(尹致暎)의 셋째 형], 노백린(盧伯麟), 이갑(李甲), 유동열(柳東悅), 신현대(申鉉大), 권태진(權泰鎭), 임병한(林炳漢) 등이었다. 이들 대부분은 일본육군사관학교와 대한제국 군인 출신인 장교들이었다. 김좌진의 호방하고 들떠있던 성격은 이들과의 만남으로 인해 차츰 침착하고 치밀한 것으로 변화되어 갔다.

김좌진은 이들과 함께 주로 계동 148번지 윤치성의 집에 모여 장차 항일운동을 어떻게 전개해야 할 것인가에 대하여 논의하였다. 즉, 구국 방략에 대한 것들이었는데, 그중에서도 그는 군사학에 큰 관심을 보였다. 당시에 김좌진은 스스로 터득하여 습득한 종래의 병서와 우리나라의 고전적인 군사학 밖에는 몰랐다. 그랬던 그가 감옥에서의 깨달음과 신진기예인 이들과의 만남으로 인해 새로운 것에 눈을 뜨게 된 것이다. 즉, 김좌진은 장차 일본군을 상대하여 항일독립전쟁을 하기 위해서는 적인 일본의 군사전략과 군사학을 공부하지 않으면 안 된다고 생각하게 되었다. 그는 그들과 끊임없이 접촉하며 새로운 군사학을 배우는 데 온 힘을 쏟았다.

그리고 이즈음 김좌진은 그의 인생에 있어 특별하게 남을 한 단체와 인연을 맺게 된다. 그 단체의 이름은 바로 '대한광복회'이다.

대한광복회로
다시 시작

당시에는 일제의 치정이 심해져감에 따라 여러 독립운동 단체가 생겨났다. 그가 출소한 1913년에는 경북 풍기에서 채기중(蔡基中) 등에 의하여 '풍기광복단'이 조직되었고,[4] 1915년에는 대구에서 박상진(朴尚鎭)을 중심으로 '대한광복회'가 조직되었다.[5] 이 중에서도 대한광복회는 국내 전역뿐만 아니라, 해외에도 조직망을 갖고 있던 1910년대의 가장

▲ 박상진

대표적인 비밀결사 조직이었다. 총사령관은 박상진이었고, 부사령관은 이석대였다. 김좌진은 바로 이 단체와 인연을 맺게 되는데, 이석대(李碩大, 본명 이진룡)의 후임으로 부사령관의 직책을 맡게 되었다.[6] 총사령관인 박상진과는 의형제를 맺을 정도로 친분이 두터웠다고 한다.[7]

김좌진과 광복회와의 관계는 다음의 기사들을 통해 확인해 볼 수 있다.

그의 약력을 듣건대, 김좌진 씨는 원래 충남 홍성군 고도면 갈산리의 태생으로 어릴 때 상경하여……경술년 정변이 생기자 시국에 불평을 품고 박상진 등과 광복단을 조직하여 가지고 만주와 조선 사이를 내왕하면서 여러 가지 활동을 하다가 경찰에 잡히어 서대문형무소에서 철창 생활을 삼 년 동안 하고 나온 후…….

『동아일보』 1930년 2월 13일자

광복단 사건으로 3년간 옥중 신음

광복단 사건으로 연전에 대구형무소에서 사형대의 이슬이 된 박상진과 깊은

---

4) 박영석「대한광복회연구」,『재만한인독립운동사연구』, 일조각, 1988, pp.140~178.
5) 경상북도 경찰부,『고등경찰요사』, 1934, pp.180~183 ; 박상진의사추모회, 『박의사상진순국사』, 1980, pp.50~54.
6) 우재룡,『백산여화』(필사본)참조.
7) 박맹진,『고헌실기약초』, 1945.

관계를 맺고 그는 자금을 모집하고자 여러 가지 준비를 하다가 강도 미수라는 죄명하에 서대문형무소에서 3년 동안 복역한 일이 있었는데, 원체 힘이 세다는 소문을 듣고, 형무소 당국에서도 그의 탈출을 겁내어 항상 두 손에 고랑을 채워 두었었다. 그도 자기의 힘을 남이 아는 것을 재미없이 생각하였던 것인지 평시에는 아무 말도 없이 고랑을 차고 있었는데, 여름밤에 잠을 자다가 갑자기 갑갑한 생각이 나서 고랑을 뚝 잡아떼어 버렸으므로 그 뒤부터는 김좌진에게 항상 고랑을 둘씩 채워 두었다고 한다.

『동아일보』 1930년 2월 15일자

위의 『동아일보』 1930년 2월 15일자 기사는 김좌진이 대한광복회 활동을 하였다는 사실 외에 김좌진의 괴력에 대해서도 전해주고 있다. 이를 통해 김좌진의 힘이 성장한 후에도 여전히 대단하였다는 것을 확인할 수 있다.

국내에서 대한광복회 활동에 힘썼던 김좌진은 대한광복회의 경상도지역 중심 인물이었던 우이견[禹利見. 우재룡(禹在龍)]의 군자금 모금활동을 후원하였다고 전해진다. 이는 다음의 『동아일보』 1921년 6월 11일자 기사를 통해 확인할 수 있다.

장승원을 총살한 광복회원 우이견
최근에 군산지방에서 독립운동 중 4년 만에 경기 경찰에 체포
우이견은……은밀히 김좌진과 긴밀히 연락을 통하여 조선 부호들을 조사해 본부로 통지하며, 경상도를 중심으로 하여 무기를 가지고 다니며 군자금 모집에 종사하였으며…….

『동아일보』 1921년 6월 11일자

한편, 김좌진은 1915년 11월 최익환(崔益煥), 이기필(李起弼), 감익룡(甘翊龍), 신효범(申孝範), 성규식(成奎植), 강석룡(姜錫龍), 성욱환(成郁煥) 등과 함께 경북지역에서

▲ 목단강   ▲ 목단강 시내   ▲ 목단강 역

군자금 모금을 추진하였다. 그러나 감익룡, 이기필, 신효범만이 1917년 10월 12일 경성복심법원에서 유죄 판결을 받았고, 김좌진은 최익환과 함께 무죄로 방면되었다.[8]

또한 김좌진은 1917년 음력 4월 만주 안동(安東)에서 중국 지폐를 위조해 이를 군자금으로 사용할 계획을 추진하기도 하였다. 그러나 이 계획은 1918년 1월 동지들이 체포됨에 따라 실패하고 말았다. 지폐 위조는 1910년대 독립운동가들이 만주에서 주로 사용한 방법이었던 것 같다. 훗날 만주지역에서 조직된 신민부의 중앙집행위원장으로 활동한 김혁(金爀) 역시 1914년 7월 하순경에 동지 예대희(芮大䕺. 경북 청도 출신), 홍승국(洪承國. 충남 천안 출신) 등과 함께 집안현 통구에서 서북방으로 3리 떨어진 도절령(刀折嶺) 기슭 조선인 집에서 중국 화폐를 위조하여 군자금 마련을 추진하였다.[9]

이와 같이 대한광복회에서 활발히 활동하던 김좌진은 1917년 9월 총사령관인 박상진의 명에 따라 만주 목단강(牧丹江)지역에 사관학교를 설치하기 위하여 망명하게 되는데,[10] 이러한 그의 임무는 끝내 성공을 거두지 못한다. 그이유는 김좌진이 만주로 망명한 직후인 1918년, 국내에서 대한광복회 조직망이 발각되어 박상진·채기중 등이 일제에 체포되면서 대한광복회 조직이 약화되었기 때문이다.[11]

8) 이성우, 「백야 김좌진의 국내민족운동」, 『홍성지역 독립운동의 전개와 독립운동가』, 2004년 충청지역 독립운동사 학술회의, 충남대학교 충청문화연구소, pp.132~133.
9) 『불령단관계잡건 재만주부(4)』, 「불량선인의 지나화폐위조에 관한 건」.
10) 박맹진, 『고헌실기약초』.
11) 대한광복회는 그 후에도 의용단(義勇團), 주비단(籌備團) 등 이름을 달리하여 국내에서 활발하게 항일운동을 전개하였다.

결국 망명을
결심하다

　　김좌진을 비롯한 독립운동가들의 노력에도 불구하고 일제의 감시와 무단통치는 더욱 악랄해져만 갔다. 김좌진은 결국 망명의 길을 택하게 된다. 다음의『동아일보』기사를 보면 당시 그의 상황을 짐작해 볼 수 있다.

　　그가 경찰에 잡힐 때면 형사를 둘러치고, 날쌘 호랑이같이 달아나는 일이 한두 번이 아니었다. 한 번은 형사 7, 8명이 손에 무기를 들고 탑골 뒷문 부근에서 그를 만나 체포코자 하였는데, 그가 돌연히 몸을 날려 그 공원 뒤를 뛰어넘었으므로 포위하고 있던 형사들도 혀를 내어 두르는 일이 있었다 한다. 그가 감옥에서 나와 서울 형편을 살피다가 도저히 못 붙어있을 것을 알고 자기 친구에게 '남아실수난용지 기사투쟁경대시[男兒失手難容地 志士偸生更待時, 남아가 태어나 실수하면 용납해 주는 곳이 없으니, 뜻있는 선비가 굳이 살려고 하는 것은 다시 때를 기다리려는 것이다]란 글 한 귀를 남기고 만주로 탈출할 계획을 세웠다고 한다.

　　(중략)

　　그러나 넉넉하던 가산도 이리저리 하다 다 없애버리고, 떠날 여비까지 없게 되었으므로 전라도 모처에 가서 돈 3,000원을 변통하여 가지고 그의 활동의 대부분을 남겨 놓은 만주로 향하여 떠났었는데, 그때를 기억하는 사람의 말을 들으면 생명부지의 남의 집에 들어가 인사도 없이 돈 3,000원만 내라 함에 주인이 놀라 당신이 누군데 무엇에 쓰려 하느냐고 물었다 한다. 그는 태연한 기색으로 강도가 돈을 달라는데 용도는 알아 무엇 하며, 성명은 물어 무엇 하느냐고 호통을 하였다. 주인이 무엇에 눌리었던지 그의 행동의 비범함에 맘이 났던지 현금 3,000원을 내어놓으매, 그제야 그는 자기가 김좌진이란 것과 이 돈을 결코 헛되이 쓰지 않을 것을 약속하고 결의형제한 후 유유히 그 집을 나선 일도 있다 한다.

『동아일보』1930년 2월 15일자

김좌진에게는 만주로의 망명 또한 쉽지 않았다. 소년 시절 노비를 해방시켜 주어 가산이 넉넉지 않았을 뿐 아니라, 그마저도 독립운동을 하는 데 소비하였기 때문에 김좌진에게 만주로 망명할 노자돈 따위는 남아 있지 않았다. 따라서 그는 자금을 마련하기 위해 모르는 사람에게까지 찾아가야 했던 것이다. 당시 만주로 망명하고자 했던 대다수의 독립운동가들의 상황도 이와 별반 다르지 않았다. 이를 통해 당시 나라를 위해 애썼던 독립운동가들의 경제적인 상황이 얼마나 열악했을지를 짐작해 볼 수 있다.

김좌진은 이러한 여러 어려움 끝에 만주 땅을 밟게 된다. 조선의 호랑이가 이국땅에서 만주벌의 호랑이로 거듭나는 순간이었다. 그는 운명의 이끌림에 따라 황량한 만주벌판을 향해 성큼성큼 걸어 나갔다.

만주벌 호랑이가 되다
-청산리독립전쟁
6장

독립운동가로서 그가 보여준 최대 업적을 꼽으라면 단연 청산리독립전쟁에서의 승리가 될 것이다. 청산리독립전쟁은 그런 만큼 김좌진을 이해하는 데 있어 우리가 반드시 짚고 넘어가야 할 부분이라고 할 수 있다. 하지만 그렇다고 그의 만주에서의 활동과 관련해 우리가 기억해야 할 것이 청산리독립전쟁만 있는 것은 아니다. 만주에서 김좌진은 이 전쟁이 있기 이전부터 이미 나라를 위해 다양한 활동들을 전개하였다. 만일 청산리독립전쟁 이전의 이러한 준비운동이 없었다면, 우리나라 역사책과 우리들의 마음속에 자랑스럽게 기록된 청산리독립전쟁의 승리도 없었을지 모른다. 따라서 이번 장은 만주로 망명한 김좌진이 청산리독립전쟁 이전에 보여준 활동과 청산리독립전쟁에서 보여준 활동으로 나누어 살펴보려 한다.

1. 청산리독립전쟁을 위한 준비운동

1단계–만주로의
입성

1917년 9월, 김좌진은 경의선 철도에 몸을 싣고 압록강을 건너 만주로 망명하였다. 다음의 기사들은 그가 만주로 입성하였음을 보여주고 있다.

▼ 압록강 철교

세계대전의 총 결산으로 2년 뒤에 열릴 파리강화회의를 앞두고 해외에 있는 조선 사람들 사이에 여러 가지 비밀한 계획이 있을 때였으므로 조선 안에서 가지각색의 소문을 전하던 청년장사 김좌진 씨가 북간도에 이르렀다는 소문은 각 방면에 곧 알려지게 되었다.

(중략)

좁은 조선을 벗어나……별천지에 이른 그는 우선 만주벌판에 흩어져 있는 불평청년들과 관계를 맺어주기 위하여 혹은 만주로 혹은 시베리아 등지로 2년 동안이나 방랑생활을 계속하였었다. 만나는 사람마다 뜻 깊은 인상을 주었던 것은 물론이니, 그가 전후 10여 년 동안이나 2,000여 명의 부하를 거느리고 남북만주에

온건하여 있던 근거도 실상 이때에 장만한 것이라 한다.

『동아일보』 1930년 2월 16일자

　　하염없는 세월은 이 땅에 태어난 젊은이들의 울분에 넘치는 가슴속으로 끌어오르는 핏줄을 이끌고 달음질쳤다.

　　그동안에 대세가 기운 지도 이미 십 년이라. 기미운동(3·1운동)이 일어나던 전후에 그는 그의 동지인 박상진 등과 광복단이란 과격한 단체를 조직하여 암중비약(暗中飛躍)을 거듭하였으나, 어느 밀정의 밀고로 말미암아 중대한 계획이 미연에 탄로가 되는지라. 그는 부득이 몸을 피하여……해외로 탈주하였으니 그때 김씨의 나이는 29세로 파란만장한 만주의 표랑세월이 그때부터 시작된 것이었다.

『조선일보』 1930년 2월 17일자

독립을 향한 끌어 오르는 열정을 주체할 수 없던 청년 김좌진은 마침내 만주에 들어서게 되었다. 험한 만주벌판에 선 그는 어떤 심정이었을까? 강한 결의를 가지고 떠났다 하여도 막상 연고지도 없는 그곳에 이르렀을 때에는 인간적으로는 외롭기도, 또 한편으로는 한 치 앞도 내다볼 수 없는 미래가 두렵게도 느껴지지 않았을까? 기사에 쓰인 '파란만장한 만주의 표랑세월'(원본에는 '파란이 중첩한 만주의 표랑세월'로 되어 있음)이라는 표현만 보더라도 이후 김좌진에게 펼쳐졌을 만주에서의 생활이 결코 순탄하지 않았음을 어렵지 않게 짐작해 볼 수 있다.

만주에 입성한 김좌진은 서간도와 북간도를 두루 둘러보게 된다. 서간도는 압록강 대안(對岸), 북간도는 두만강 대안으로 지금의 연변조선족자치주에 해당하는 지역이다. 김좌진은 먼저 가게 된 서간도에서 한 인물과 만나게 된다. 그 사람은 당시 서간도 유하현(柳河縣) 삼원보(三源甫)에 있던 신흥무관학교의 교장 이세영(李世永)으로 그는 김좌진과 같은 고향 출신이었다. 김좌진은 그와의 짧은 만남을 뒤로 하고 북간도 길림성으로 향하였는데, 당시 길림성에서는 비밀리에 중대한 계획이 진행되고 있었다. 바로 대한의 독립을 선포할 위대한 선언문이 애국지사들에 의해 세상으로 나올 준비를 하고 있었던 것이다.

2단계―대한독립선언서에 서명

길림(吉林)에 도착한 김좌진은 당시 국내의 저명한 애국지사들과 함께 대한독립선언서에 서명하였다. 대한독립선언서는 1918년 음력 11월, 만주와 러시아를 비롯한 외국에 나가 있던 우리나라의 저명인사 39명이 조선의 독립을 선언한 글이다. 이 선언서는 1918년 무오년에 선포되었다고 하여 '무오독립선언서'라고도 일컬어지며, 한국에서 발표된 최초의 독립선언서라는 점에서 큰 의의를 지닌다. 그 내용의 요지를 살펴보면 다음과 같다.

▲ 길림의 송화강　　　　　　　▲ 길림일본영사관 건물

　먼저 한국이 완전한 자주독립국이자 민주의 자립국이라는 것을 선언하고, 한일합병은 일본이 우리나라를 사기와 강박 그리고 무력 등의 수단을 동원하여 강제로 병합한 것이므로 무효라고 주장하였다. 그리하여 '섬은 섬으로 돌아가고, 반도는 반도로 돌아오게 할 것'을 요구하며, 우리의 영토를 지키기 위하여 무력의 사용도 불사한다는 것을 선언하였다. 여기에 더해 한국의 독립은 민족을 스스로 보호하는 정당한 권리를 행사하는 것으로서 사사로운 감정으로 보복하는 것이 아님을 밝혔다. 아울러 2천만 동포들에게는 국민된 본령이 독립인 것을 명심하여 육탄혈전, 즉 맨몸으로라도 결사적으로 항쟁하여 독립을 되찾을 것을 요구하였다. 즉, 이 선언서는 한일합병의 무효를 선언하고, 무력적인 대항을 세계만방에 선포한 것이었다.

　이 선언서에 서명한 인물들은 앞서 살펴본 대로 만주지역뿐 아니라 우리나라 독립운동계의 거목들이었다. 구체적으로 이 선언서의 작성자는 조소앙(趙素昻)으로 알려져 있고, 서명한 사람은 김교헌(金敎獻)·신규식(申圭植)·박은식(朴殷植)·안창호(安昌浩)·김동삼(金東三)·이시영(李始榮)·이동녕(李東寧)·신채호(申采浩)·유동열(柳東說)·김규식(金奎植)·이승만(李承晩) 등 당시 내로라하는 인물들이었다. 따라서 김좌진이 이들과 어깨를 나란히 하고 서명하였다는 사실은 당시 그의 지위를 엿볼 수 있게 하는 것으로서 주목된다.

3단계-무장독립운동단체에 참여,
길림군정사-대한정의단
-북로군정서까지

만주로 간 김좌진은 여러 무장독립운동단체에서 활동
하였다. 그는 먼저 1919년 3·1운동 이후 길림에서 조직된 무장독립
운동단체인 길림군정사에 가입하여 참모로 활동하였다. 당시 여기에서
활동한 주요 인물은 여준(呂準)·이상룡(李相龍)·유동열·박찬익(朴贊翊)·조성환(
曺成煥) 등이었다.[1] 길림군정사는 당시 군사전략가들이 많이 참여하고 있던
단체였다. 그러나 이 단체는 무장투쟁을 뒷받침해 줄 만한 대중적 기반이
미약하다는 점에서 한계를 지니고 있었다.

이와는 반대로 당시 서일(徐一, 1881~1921. 함북 경원 출생)을 중심으로 북간도 왕청
현(汪淸縣)에 본부를 두고 있던 대한정의단[1911년 3월 대종교도들이 북간도지역에서 조직한 중광
단(重光團)에서 시작되어 3·1운동 이후 대한정의단(大韓正義團)으로 발전]은 지역사회에는 기반을 두
고 있었으나, 무장투쟁을 지도해 나갈 뛰어난 역량을 지닌 독립운동가들이
거의 없었다. 굳이 손에 꼽는다면 대한제국 육군무관학교와 일본 육군사관
학교에서 공부한 나중소(羅仲昭) 정도가 있었을 뿐이었다. 이에 당시 김좌진의
소문을 익히 들어 알고 있던 서일은 길림군정사에 김좌진을 자신들에게 보
내줄 것을 정중히 청하였고,[2] 이에 따라 김좌진은 왕청현으로 오게 되었다.

1919년 10월 대한정의단은 명칭을 '군정부'로 개칭하였는데, 이것이 훗날
'군정서'로 또 한 번 바뀌게 된다. 이로써 김좌진의 소속 또한 자연스럽게 '대
한정의단'에서 '군정부'로, 그리고 '군정서'로 바뀌게 되었다. 이처럼 군정부
에서 군정서로 명칭이 또 한 번 변경된 데는 이유가 있었다. 군정부는 그 이
름에서 알 수 있는 바와 같이 군사정부를 의미한다. 문제는 당시 상해에 이
미 '대한민국임시정부'가 조직되어 있었다는 데 있었다. 이로 인해 결국 정

---

1) 정원택,「志山海外旅行日誌」, 蘇在英 편,『間島流浪40년』, 조선일보사출판국, 1989. pp.35~52
2)『조선일보』1930년 2월 18일자.

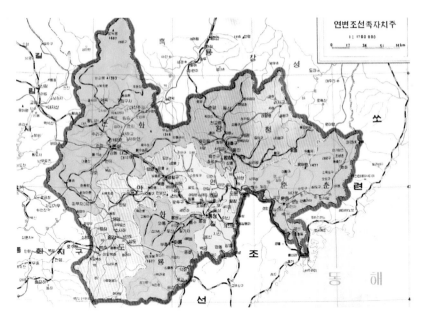
▲ 연변조선족자치주 지도

부라는 명칭을 사용하는 것은 상해 임시정부를 인정하지 않겠다는 의지의 표명으로 비추어질 수 있었다. 실제로 이에 1919년 11월 북간도에서 기독교도들이 중심이 되어 조직한 대한국민회에서는 군정부가 법률상 최고 절대 기관을 뜻하는 정부라는 명칭을 사용하는 점을 통렬히 비판하였다.

1919년 11월에 이동휘(李東輝, 1873~1935. 함남 단천 출생) 등이 상해 임시정부에 참여함으로써 상해 임시정부가 독립운동의 최고 기관으로 그 지위가 어느 정도 확보되자, 동년 12월 군정부에서는 상해 임시정부의 명령(국무원 제205호)에 따라 그 명칭을 '군정서'라고 개칭하였다. 이로써 명칭 문제는 자연스럽게 해결되었고, 군정서는 이후 임시정부를 지지하게 되었다.[3]

북로군정서가 수립되자, 총재 서일은 관내의 전반적인 일들을 지휘·통괄하는 한편 사령부의 군사 활동을 후원하는 일을 담당하였다. 그리고 이때부터 김좌진은 총사령관으로서 전반적인 책임을 담당하게 되었는데, 당시 그의 활동은 아래의 『동아일보』 1930년 2월 16일자 기사를 통해 확인해 볼 수 있다.

---

3) 『독립신문』, 1920년 4월 22일자.

▲ 서일

▲ 북로군정서원들

　　북간도 눈 위에 산채(山寨. 산에 돌이나 목책 따위를 둘러 만든 진터)를 치고 스스로 북로군정서 총사령관이 되어 반 개월 동안의 혈전을 계속할 때 그는 거처와 식사를 하졸들과 꼭 같이 할 뿐만 아니라, 밤에는 잠 한 잠 자지 않고 자기가 파수를 보았었다는데 그의 친척인 김홍진(金弘鎭) 씨는 아직도 '산영월하 마도객 철색풍전 말마인'이란 당시의 그가 지은 시를 기억하고 있다고 한다.

『동아일보』 1930년 2월 16일자

　　위의 기사에 등장하는 당시 그가 지었다는 시는 아래와 같다. 시에서 무장 투쟁에 대한 그의 결연한 의지가 느껴진다.

砲雷鳴送萬邦春	대포소리 울려 퍼지는 곳에 봄이 오니
大地靑丘物色新	청구 옛 땅에도 빛이 새로워라
山營月下磨刀石	달빛 아래 산영에서 칼을 가는 나그네
鐵寨風前連馬人	철채 바람결에 말을 먹이고 서있네
旌旗蔽日連千里	중천에 펄럭이는 깃발 천리에 닿은 듯
鼓角掀天動四鄰	진동하는 군악소리 멀리도 퍼져가네
十載臥薪嘗膽志	섶에 누워 쓸개 핥으며 십 년을 벼른 마음
東浮玄海掃腥塵	현해탄 건너가서 원수를 무찌르세나

북로군정서 사령부의 본영은 군사 활동을 준비하기에 편리한 삼림지대인 왕청현 춘명향 서대파에 있었다.[4] 사령부에서 활동한 주요 인물들을 살펴보면 이장녕(李章寧), 나중소, 정인철(鄭寅

▲ 북로군정서 사령부가 있던 십리평 입구(현재 장영촌)

哲), 박영희(朴寧熙), 이범석(李範奭), 이민화(李敏華), 김훈(金勳), 백종열(白鍾烈), 김찬수 등이다. 사령부는 길림군정사, 서로군정서의 신흥무관학교, 대한제국의 군인 출신 등 주로 군사전략에 뛰어난 인물들로 조직되었다고 할 수 있다.[5]

▲ 북로군정서 총재부가 있던 덕원리

---

4) 姜德相『代現史資料』27, 朝鮮3, みすず書房, 1977. p.349.
5) 채근식,『무장독립운동비사』, 대한민국공보처, pp.78~80.

4단계 - 독립군 양성

　　김좌진은 북로군정서에서 다양한 활동을 하였는데, 그중에서도 독립군을 양성하는 일에 가장 큰 노력을 기울였다. 그는 우선 독립군을 지휘할 간부들을 길러내는 일이 시급하다고 판단하고, 이들에게 군사훈련을 하기 위하여 1920년 2월 초에 서대파 십리평(十里坪)에 사관연성소(士官鍊成所)를 설치하였다. 사관연성소는 15세 이상 40세까지의 청장년을 대상으로 사관생도를 모집하였는데, 그 결과 400여 명의 학생이 입학하여 교육을 받았다.[6]

　사관연성소에 대해 보다 구체적으로 살펴보면 다음과 같다. 교장은 사령관인 김좌진이 겸임하였고, 이 때 사관 교육을 맡은 인물은 나중소, 이장녕, 이범석, 김규식 등 주로 대한제

▲ 사관연성소가 있던 십리평

국의 육군무관학교, 중국의 운남강무당, 일본의 육군사관학교, 러시아의 사관학교, 그리고 신흥무관학교 출신들이 많았다. 이들이 생도들에게 6개월 동안 사관 교육을 실시하였다.[7] 사관연성소에서 이루어졌던 교육은 군사 교육과 민족정신의 함양을 위한 역사 교육이 중심이었는데, 역사 교육에서는 일본의 조선 침략에 관한 것과 세계 각국의 독립에 관한 역사가 주로 다루어졌다. 이외에도 여기에서는 근대적인 학문 교육이 이루어졌을 것으로 추측되는데, 이를 통해 생도들에게 공화주의 사상이 주입되었을 것으로 짐작된

6) 채근식,「무장독립운동비사」참조
7) 독립운동사편찬위원회,「북로군정서의 청산리대첩」,「독립운동사」5, 1973, pp.363~395.

다. 사관연성소는 1920년 9월 9일 제1회 졸업식에서 298명의 사관을 배출시켰다.

북로군정서는 이 중에서 80명을 소위로 임명 배치하고, 나머지 200여 명으로는 교성대(教成隊)를 조직하였다. 교성대는 최정예 부대로서 이후 김좌진과 함께 청산리전투를 승리로 이끄는 주축이 된다. 결과적으로 사관연성소는 설립 목표를 어느 정도 이루어냈다고 할 수 있다. 사관연성소와 관련하여서는 다음과 같은 기사가 있다.

> 기미년 3·1운동이 일어나서……수많은 조선 청년들이 방랑의 길을 나서게 됨을 보고 그는 남의 땅에서 질서 없이 돌아다니는 것은 오히려 재미없는 일이라고 하여 길림성 왕청현 십리평에 임시사관연습소를 설치하고, 여러 청년들을 모아 군사훈련을 시켰다. 그는 특히 고대병법에 통달하였으나, 현대의 군사 지식도 여러 가지 책자를 사다가 독습을 한 결과 상당히 가지고 있었다고 한다.
>
> 『동아일보』 1930년 2월 16일자

한편, 북로군정서에서는 장교 외에 일반 병사들도 양성하고자 하였다. 이를 위해 우선 징모(徵募)국에서 장정들을 모집하였는데, 북로군정서에서는 이 징모국을 중요시 여겨 사령관이 직접 관장하도록 하였다. 따라서 사령관이

▼ 북로군정서 사관학교 졸업식 광경

었던 김좌진은 사관연성소를 통한 간부 양성과 더불어 일반 병사의 양성에
도 큰 역할을 한 것이다. 모집은 국내를 비롯하여 멀리 러시아지역에서도 이
루어졌으며, 국내에서는 주로 함경북도 지역의 출신들이 많이 응하였다. 모
집된 인원은 약 400명 정도였고 북로군정서는 이들을 중심으로 보병대를 조
직하기 위해 속성으로 군사 교육을 실시하였다. 북로군정서가 대종교 조직
이었기 때문에 이들에게는 대종교 이념과 공화주의 사상이 교육되었을 것으
로 짐작된다. 군사 교육을 마친 이들은 유사시에는 전투에 출전하였고, 평상
시에는 관할 구역 내의 안녕질서에 힘썼다.

북로군정서는 이와 같은 독립군 양성 과정을 거쳐 점차 성장해 갔는데, 기
록에 따르면 1920년 10월경에는 간부 및 병사를 합해 약 1,600여 명에 이
르는 군대를 보유하였다고 한다. 명실공히 만주지역에서 가장 강력한 무장
독립운동단체로 발전하게 되었던 것이다.[8] 북로군정서의 이와 같은 발전의
중심에는 독립군 양성에 힘쓴 김좌진의 노력이 있었다.

완성–재만한인 동포들의 기여

당시 북로군정서에게 가장 중요했던 과업은 바로 무장
투쟁의 수행이었다. 북로군정서가 무장투쟁을 성공적으로 이끌어내기 위해
한 활동들을 정리해 보면 다음과 같다.

먼저 조직 직후부터 총재부의 군자금 모집, 무기 구입, 사관연성소 설치를
통한 우수한 군인의 양성 등을 적극 추진하였다. 그리고 관할구역의 각처에
경찰 사무와 정보 연락을 담당하는 경신분국 등을 둠으로써 무장 활동을 더
욱 효율적이고 체계적으로 전개할 수 있도록 하였다. 또한 사령부를 설치하
여 무장 활동을 전담하게 하였으며, 대종교 이념과 공화주의를 강조함으로

---

8) 국사편찬위원회, 『한국독립운동사』3, 1967, p.630.

▲ 이주한인들의 모습

써 독립군 병사들이 자발적으로 조국의 광복을 위해 노력하도록 만들고자 힘썼다.

북로군정서가 한 무장투쟁 활동들은 이러한 노력이 바탕이 되어 대부분 성공을 거두게 된다. 그러나 이 성공은 정확히 말하면 북로군정서의 위와 같은 노력에 숨겨진 공로자들의 도움이 더해져 이루어진 것이라고 할 수 있다. 그 공로자들은 바로 가시적으로 드러나지는 않았지만, 절대로 무시할 수 없는 역할을 했던 재만한인동포들이었다. 당시 북로군정서와 재만동포들의 관계는 매우 끈끈하였다. 서로 공생 관계를 유지하였던 그들 사이를 구체적으로 들여다보자.

먼저 북로군정서가 재만동포들을 위해 한 일들을 살펴보면 다음과 같다. 실제로 당시 북로군정서는 재만동포를 위한, 재만동포의 군대라 불렸을 정도로 그들을 위해 크고 작은 노력을 기울였다. 한 예로 북로군정서는 군기를 엄히 하고자 군법국과 헌병대 등을 두었는데, 이것은 군대 내부의 기율 정립을 위한 조처이기도 했지만 한편으로는 일반 재만동포들에게 피해를 주지 않고자 하는 이유에서 비롯된 것이기도 했다. 이와 같이 북로군정서는 무장투쟁이라는 과업을 수행하는 중에도 관할구역에 있던 재만동포들을 위한 배려를 아끼지 않았다. 그리고 사실상 당시에는 재만동포들도 혈전을 주장하고 있었으므로, 북로군정서가 무장투쟁을 위해 힘쓰는 것 자체가 그들을 위한 일이었다.

다음으로 재만동포들이 북로군정서가 무장투쟁을 전개해 나가는 데 준 도움들을 살펴보자. 청산리독립전쟁에 직접 연성대장으로 참가하였던 이범석의 회고록 『우등불』에는 다음과 같은 사실이 기록되어 있다.

마을 아낙네들이 치마폭에 밥을 싸가지고 빗발치는 총알 사이로 산에 올라와 한 덩이 두 덩이 동지들의 입에 넣어 주었다.[9]

그는 이 회고록에서 청산리독립전쟁에서 승리할 수 있었던 요인 중 하나로 마을 사람들의 열렬한 협조를 꼽았다.[10] 청산리독립전쟁에서뿐 아니라, 김좌진을 비롯한 북로군정서가 만주에서 독립군을 양성하고 무장투쟁 준비를 해나가는 데도 재만동포들의 도움은 실로 컸다. 앞에서 살펴본 대로 김좌진은 러시아 국경과 멀지 않고 산림지대가 많은 길림성 왕청현지역에 근거지를 형성하고 독립군을 양성하였다. 이곳은 러시아와 가까이 위치하고 있다는 장점도 있었지만, 재만한인들이 많이 거주하고 있는 연길(延吉)·훈춘(琿春) 등지와 멀리 떨어져 있지 않은 산림지대에 자리하고 있었다. 따라서 재만동포들의 도움 여부가 북로군정서의 활동에 큰 영향을 미칠 수 있었는데, 재만동포들이 북로군정서의 활동에 적극적으로 협력해 많은 도움을 주었던 것이다.

북로군정서를 위해 재만동포들이 한 여러 활동들 가운데 특히 큰 영향을 미쳤던 무기 구입에 대한 도움을 구체적으로 살펴보면 다음과 같다. 북로군정서는 한때 잠시 무기 문제에 봉착한 적이 있었다. 그러나 이 문제를 해결

9) 이범석, 『우등불』, 사상사, 1971, p.69.
10) 이범석, 『우등불』, pp.83~84.

▲ 왕청현 농촌 마을 　　　　▲ 왕청현 태평촌

할 수 있는 희망의 빛이 멀리서 반짝이게 된다. 블라디보스토크에 집결된 체코군인들이 제1차 세계대전에 참가했다가 자기네 나라로 돌아가면서 성능이 좋은 무기, 특히 기관총을 팔았던 것이다. 이것만 있으면 독립군은 일본군이 지닌 무기보다 성능이 좋은 무기로 무장할 수가 있었다. 그러나 무기를 손에 넣는 것은 생각만큼 쉬운 일이 아니었다. 여기에는 많은 위험과 어려움이 따랐다. 그럼에도 북로군정서는 모든 역경을 이겨내고 무기를 얻게 되는데, 이것은 재만동포들의 적극적인 도움이 있었기에 가능했던 일이었다. 무기는 재만동포와 북로군정서 무기운반대의 노력에 의해 북로군정서의 손에 들려지게 되었다(체코군 무기의 자세한 입수 경로는 자료 마당 참조). 결국 남녀노소를 불문하고 민족의식이 철저했던 재만동포들의 도움으로 북로군정서는 더욱 강력히 무장할 수 있었던 것이다.[11]

또한 재만동포들은 북로군정서가 일제의 감시를 효과적으로 피할 수 있도록 적극 도왔는데, 이것은 북로군정서가 차분히 독립전쟁을 대비해 나가는데 큰 도움을 주었다. 북로군정서가 활동한 길림성 왕청현지역은 김좌진처럼 대종교를 신앙하는 동포들이 많이 거주하고 있어 신앙공동체로서도 대중적인 지지가 이루어질 수 있었다. 같은 동포라는 끈과 같은 종교라는 두 개의 끈이 북로군정서와 재만동포들을 단단히 묶어 주고 있었던 것이다.

결과적으로 김좌진의 북로군정서가 국내외에서 무장 활동을 성공적으로 수행할 수 있었던 것은 재만동포들의 적극적인 도움, 김좌진과 서일의 우수

---

11) 박영석, 「일제하 만주·노령지역에서의 민족독립운동 북로군정서 독립군병사 이우석의 활동을 중심으로」 참조.

▲ 독립군이 사용한 기관총과 무기들

한 지도력을 바탕으로 한 북로군정서의 강한 군사력, 당시 보유하게 된 우수한 무기 등이 함께 어우러져 이루어진 것이라고 할 수 있다. 그리고 1920년 10월에 있었던 청산리독립전쟁이 이러한 모든 조건들이 맞물려 이루어진 대표적인 성공의 예라고 볼 수 있겠다.[12]

이번 절은 김좌진 장군이 만주에서 썼다는 다음의 시로 정리하고자 한다. 만주에서 나라를 되찾기 위한 준비를 하고 있던 그에게 마침내 아래 시 속에서의 결연한 의지가 필요한 피할 수 없는 전투의 순간이 다가오고 있었다.

칼 머리 바람이 센데 관산 달은 왜 밝은가
칼 끝에 서릿발 차가워 그리운 고국이여
삼천리 무궁화 동산에 왜적이 웬말이냐
내 쉬임 없이 피 흘려 싸워 왜적을 물리치고
진정 임의 조국 찾고야 말 것이다.[13]

12) 박영석,「일제하 만주 · 노령지역에서의 민족독립운동 북로군정서 독립군병사 이우석의 활동을 중심으로」참조.
13) 독립운동사편찬위원회,「독립운동사」5 참조.

2. 청산리독립전쟁과 김좌진

북로군정서는 준비운동을 끝마치고 일본군과 맞서 싸울 만반의 태세를 갖추고 있었다. 총사령관 김좌진의 주도하에 군사훈련을 철저히 하였고, 총재 서일의 노고를 바탕으로 무기를 구입해 두려울 것이 없었다. 그런데 그들의 고조된 사기에 찬물을 끼얹는 일이 벌어진다. 이때 동북군벌(청나라 말 장작림을 중심으로 만주에서 병권을 장악한 군벌)인 장작림(張作霖)이 일본의 조종에 의하여 왕청현 서대파에 주둔

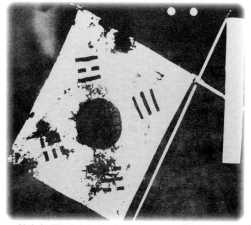

▲ 청산리 전투 당시의 태극기

하고 있던 북로군정서를 다른 지역으로 이동시키라는 명령을 주둔군 사령관인 맹부덕(孟富德)에게 하달한 것이다. 한마디로 북로군정서는 쫓겨나는 신세가 되고 말았다. 남의 나라에 있던 무장단체인 북로군정서로서는 그들의 지시에 따라 다른 지역으로 이동할 수밖에 없었다. 당시 그들의 심경은 어떠했을까? 나라를 잃고 나라를 되찾기 위해 남의 땅에까지 힘겹게 와 이제야 모든 과정을 마치고 일전을 꿈꾸고 있었는데, 또다시 쫓겨나는 신세가 되고 말했다. 꺾인 사기와 함께 나라 잃은 설움에 서글프지 않았을까? 아니면 더욱 이를 악 물고 나라를 반드시 되찾아 이 같은 설움을 받지 않겠다고 다짐하였을까? 당시 그들의 심경을 헤아릴 수는 없지만, 가슴 아픈 일이었던 것은 분명하다. 결과적으로 이 일로 인해 당시 북로군정서를 잘

이끌어오던 김좌진과 서일이 대립해 서로 다른 길을 가게 되기 때문이다. 어느 곳으로 이동할 것인가 하는 중요한 문제를 놓고 북로군정서 '총재'와 '총사령관'은 팽팽하게 대립하게 된다.[14]

김좌진과 서일의 대립은 단순한 감정싸움도, 알력 다툼도 아니었다. 그들은 북로군정서를 최상으로 이끌기 위한 문제에 있어 극명하게 엇갈린 의견을 가졌을 뿐이었다. 서일은 후일을 기하여 더 오지인 북만주지역으로 이동할 것을 제의하면서 일본군과의 독립전쟁은 아직 시기상조라고 강조하였고, 김좌진은 청산리로 이동하여 이 시기를 놓치지 말고 바로 독립전쟁을 수행해야한다고 주장하였다. 어떠한 선택을 하느냐에 따라 북로군정서의 미래는 바뀔수 있었다. 결국 북로군정서는 김좌진의 손에 이끌려 그의 주장대로 청산리로 이동하게 된다. 이때 총재인 서일은 김좌진과 함께 행동하지 않았다. 이로써 북로군정서의 미래는 오로지 김좌진의 손에 내맡겨지게 된 것이다.

이렇게 김좌진은 서일의 반대에도 불구하고, 북로군정서군을 이끌고 운명의 첫 번째 장소인 화룡현 청산리 백운평(白雲坪)으로 이동하였다. 그 사이 일본군 함경도 나남 주둔 19사단과 시베리아에 출병했던 21사단이 청산리로 진군하여 그들을 포위하게 되는데, 그날이 바로 1920년 10월 21일이었다.[15] 이날이 역사적인 청산리독립전쟁이 시작된 날이다.

일설에는 김좌진이 청산리 백운평으로 이동한 것이 작전상 계획적으로 이루어진 것이 아니라는 이야기가 있다.[16] 즉, 근거지 마련을 위하여 이동하던중 갑자기 재만한인으로부터 정보를 입수하게 되어 백운평에서 독립전쟁이 처음으로 전개되었다는 것이다.

한편, 최근 연변지역의 연구들은 청산리독립전쟁이 홍범도(洪範圖)에 의해주도된 것처럼 이야기하고 있다. 물론 홍범도가 청산리독립전쟁 승리에 있

---

14) 박영석,「일제하 만주·노령지역에서의 민족독립운동 북로군정서 독립군병사 이우석의 활동을 중심으로」참조.
15) 독립운동사편찬위원회,「독립운동사」5, pp.380~394.
16) 박영석,「일제하 만주·노령지역에서의 민족독립운동 북로군정서 독립군병사 이우석의 활동을 중심으로」

어 중요한 역할을 하였다는 것은 분명한 사실이다. 그러나 김좌진에 대한 언급 없이 홍범도만 언급하는 것은 사상적인 면만을 지나치게 강조한 것이라고 할 수 있다. 간단한 질문 몇 가지만 해보아도 김좌진을 빼놓고 청산리독립전쟁의 승리를 논할 수 없다는 것을 쉽게 알 수 있다. 청산리독립전쟁에서 김좌진의 탁월한 지도력이 없었다면? 김좌진이 사관연성소를 설치하지 않고 독립군 양성에 힘을 쏟지 않았다면? 또 서일의 의견에 따라 한 발 물러나서 더 오지인 북만주지역으로 갔다면? 청산리독립전쟁의 승리를 떠나, 이 역사적인 전투 자체가 아예 일어나지 못했을 수도 있다. 따라서 청산리독립전쟁의 승리를 논할 때 그의 이름은 결코 빠질 수 없다. 아래의 기사에는 김좌진이 청산리독립전쟁으로 세상 사람들을 놀라게 했다는 사실이 기록되어 있는데, 이와 같이 당시 신문들만 살펴보더라도 청산리독립전쟁에 있어서의 김좌진의 위치를 확인해 볼 수 있다.

지금으로부터 10여 년 전인 1920년 겨울에 김좌진은 영성한 군대를 거느리고 북간도 등지를 넘나들며 세상 사람들을 놀라게 한 일이 있었는데, 이것이 유명한 청산리전쟁이었다.

『동아일보』 1930년 2월 16일자

▼ 청산리 마을

▲청산리 계곡

　이처럼 김좌진은 우리가 살펴보고, 또 아는 바와 같이 청산리독립전쟁 승리의 주역이다. 그러나 우리는 또 한 가지 사실을 분명히 알고 있다. 이 전쟁의 승리가 단 한 가지 요인, 단 한 사람의 능력에 의해서만 이루어졌다고는 말할 수 없다는 걸 말이다. 청산리독립전쟁의 승리는 김좌진의 탁월한 지도력, 북로군정서 독립군의 강인한 훈련과 강렬한 민족의식, 천수평 · 어랑촌 · 완루구의 독립전쟁에서는 홍범도군 · 안무(安武)군 · 최진동(崔振東) 등 많은 독립군의 적극적인 전투와 협조, 재만한인의 적극적인 지원이 모두 모여 이루어진 것이라고 할 수 있다. 여기에 백운평 골짜기의 짙은 안개로 말미암아 일본군이 적군과 아군을 구분하지 못해 같은 편끼리 전투를 벌여 큰 피해를 입기도 하였으니, 지형과 운도 한몫했다고 할 수 있겠다.[17] 하늘도 우리의 편이었던 것이다. 어찌 보면 청산리독립전쟁의 승리는 우리 민족의 염원이 하늘에 닿아 이루어진, 정해진 하늘의 뜻이었는지도 모른다.

청산리독립전쟁–백운평전투, 천수평전투, 어랑촌전투

　　　　　청산리독립전쟁[18]의 최초의 전투는 김좌진 장군이 이끄는 북로군정서 독립군이 1920년 10월 21일 일본군 토벌대 중 하나인

---

17) 채근식,「청산리역」,『무장독립운동비사』, pp.85～89.
18) 청산리독립전쟁 부분은 신용하 교수의 연구 업적 및 이범석의『우등불』, 독립운동사편찬위원회의『독립운동사』5,『독립신문』등을 주로 참조하였음을 밝힌다.

▲ 백운평 마을이 있던 곳(추정)

야마다보병연대(山田步兵聯隊)를 삼도구 청산리 골짜기의 백운평 부근에서 섬멸한 '백운평전투'에서부터 시작되었다.

백운평전투의 전개 과정을 자세히 살펴보면 다음과 같다. 북로군정서 사령관 김좌진은 일본군 야마다(山田)보병연대가 그들을 추격하여 청산리 골짜기로 들어오자, 피전책(避戰策)을 버리고 일본군과의 일전을 벌이기 위해 부대를 2개 제대(弟隊)로 나누었다. 제1제대는 본대로서 비교적 훈련이 부족한 병사들로 편성하여 사령관 김좌진 장군이 직접 지휘해 제2제대가 잠복한 지점의 건너편 사방정자(四方頂子)의 산기슭에 배치하였다. 제2제대는 300명의 사관연성소 연성대로 구성하였고, 연성대장 이범석이 지휘하도록 하였다.

김좌진은 이를 후위

▲ 사방정자

대(後衛隊. 주력 부대의 뒤쪽을 엄호하는 부대)로 하여 일본군의 추격에 대항하는 최전면을 담당하게 하였는데, 지리를 이용하기 위하여 청산리 백운평 바로 위쪽 골짜기의 길목에 잠복케 하였다. 북로군정서가 병력을 배치한 길목은 청산리 계곡에서도 폭이 2~3리로 가장 좁고 양쪽에는 깎아지른 듯한 절벽이 있으며, 그 골짜기의 중앙은 공지(空地)가 되어 단 하나의 오솔길이 이 공지를 통과하

▲ 김좌진

▲ 이범석

는 지점이었다. 따라서 이곳은 매복하여 적을 기습하기에는 더 없이 적합한 장소였다. 특히 일본군을 기습할 최전면을 담당한 제2제대가 매복한 지형은 공지를 바로 내려다보는 깎아지른 듯한 절벽 위였다. 이러한 절벽 위에서 제2제대는 소나무 가지와 잣나무 가지로 위장을 하고, 앞에 널려진 나무둥지를 엄폐물(掩蔽物, 적의 사격이나 관측으로부터 아군을 보호하는 데에 쓰이는 자연적 또는 인공적 장애물)로 하여 두껍게 쌓인 낙엽 속에 전신을 파묻어서 완전히 매복하였다. 북로군정서 독립군은 이렇게 '기습섬멸전'을 전개하기 위한 만반의 준비를 갖추고, 절벽 아래의 공지를 향하여 모든 총구를 모으고 있었다.

덫은 만들었으니, 이제 그 덫에 걸려들도록 유인하는 일만 남았다. 북로군정서는 일본군을 이 공지로 유인하기 위해 치밀한 작전을 세웠다. 그것은 바로 백운평과 송림평 등 그 근방 마을에 남아 있던 한국인 노인들을 통해 거짓 정보를 흘리는 것이었다. 즉, 북로군정서는 이들로 하여금 독립군이 보잘것없는 병력으로 무기도 제대로 갖추지 못한 채 하루 전에 허둥지둥 계곡 끝으로 도망했다, 일본군의 토벌에 낭패하여 사기가 떨어질 대로 떨어졌다는 등의 허위정보를 일본군에게 제공하도록 하였다. 작전은 대성공이었다. 일본군 안천(安川)전위중대는 북로군정서의 계획대로 백운평을 점령한 뒤 주민들로부터 독립군이 패색이 짙어 하루 전에 도망했다는 정보를 듣고는 절벽 밑의 꼬불꼬불한 작은 길을 따라 움직였다. 일본군 전위중대는 북로군정서 독립군이 일전을 결의하며 매복한 채 그들을 기다리고 있을 줄은 꿈에도 생각지 못하고 공지 안으로 서서히 들어섰다.

북로군정서 독립군은 일본군 전위중대의 모든 병력이 빈터 안에 다 들어서고 제2제대의 매복지점으로부터 10여 보 앞에 도달할 때까지 숨죽이며 참고 기다렸다가, 마침내 10월 21일 오전 9시 일시에 기습 공격을 시작하였다. 북로군정서 독립군의 600여 정의 소총과 4정의 기관총, 그리고 2문의 야포(野砲)의 화력이 일본군 전위부대의 머리 위에 일제히 쏟아져 내렸다. 이에 일본군 전위부대는 놀라 즉각 총을 들고 대항했지만, 북로군정서의 독립군이 어디에 있는지를 전혀 알 수가 없었기 때문에 총탄이 날아오는 방향을 향해 아무리 총을 쏘아대도 속수무책으로 당할 수밖에 없었다. 단 30분의 교전 끝에 일본군 전위부대 200명(추정)이 섬멸되었다.

전위부대에 뒤이어 도착한 야마다토벌연대 본대는 전위중대가 전멸당한 것에 크게 당황하였다. 이들은 전위부대의 패배를 대신 갚아주겠다는 생각으로 산포(山砲. 차량이 통행할 수 없는 산악 따위의 전투에서 쓸 수 있도록 분해하여 운반할 수 있게 만든 가벼운 대포)와 기관총을 들고 결사적으로 응전(應戰)해 왔다. 그러나 산전토벌대 역시 북로군정서가 매복하고 있는 위치를 정확히 알 수가 없었기 때문에 조준이 정확치 않아 애꿎은 화력만 허비하였다. 반면, 나라를 빼앗기고 설욕의 날만을 손꼽아 기다려 왔던 북로군정서 독립군은 사기충천하여 정확하게 조준해 화력을 퍼부었기 때문에 시간이 흐를수록 일본군의 전사자만 계속해서 늘어갔다.

일본군은 다시 보병 2개 중대와 기병 1개 중대로 1부대를 편성해서 매복한 북로군정서 독립군의 측면을 우회하여 북로군정서 제2제대를 포위해 보려고 시도하였다. 그러나 결과는 크게 다르지 않았다. 일본군은 절벽 위에서 정확하게 조준하여 맹렬하게 총을 쏘아대는 북로군정서 독립군의 공격에 막대한 피해만 보고 도망하였다. 하지만 이것이 끝이 아니었다. 북로군정서 독립군의 맹렬함에 혼이 나고도 끈질긴 일본군은 또다시 부대를 정돈해 가지고 매복한 북로군정서 제2제대의 정면과 측면을 산포와 기관총으로 공격해 왔다. 그러나 북로군정서 독립군은 절벽의 고지 위에 완전히 은폐되어 있었으므로 아무리 중화기로 반격을 해도 일본군은 별다른 효과를 거둘 수 없었다. 일본군과 달리 북로군정서 독립군은 조준 사격이 가능했기 때문에 일본군은 여기서도 계속 사상자를 낼 뿐이었다. 일본군 야마다토벌연대 본대는 상황이 이렇게 되자 자기편의 시체를 쌓아 은폐물을 만들면서까지 처절하게 반격을 시도했지만, 결국 300명(추정)에 가까운 전사자를 낸 채 숙영지로 달아나고 말았다. 이것이 청산리독립전쟁의 첫 번째 전투인 백운평전투로서, 북로군정서 독립군이 기습섬멸전으로 일본군 산전보병연대의 전위부대를 섬멸하고 본대를 패주시킨 독립군 완승의 전투였다.

그 후 김좌진 장군 부대는 '천수평(泉水坪)전투', 뒤이어 벌어진 '어랑촌(漁郞村)전투'에서도 큰 승리를 거두었다. 천수평전투19) 와 어랑촌전투는 다음과 같이 연이어 전개되었다. 백운평전투에서 승리한 독립군은 갑산촌(甲山村)에 도착하여 거주 동포들의 환대를 받으며 잠시 휴식을 취하고 있었다. 이때 북로군정서 독립군 사령부는 부락민들로부터 적정(敵情)에 대한 보고를 받게 된다. 그것은 어제 적 기병 1개 중대가 갑산촌을 지나 30리 떨어져 있는 천수평에 들어가 머물고 있다는 것이었다. 이것은 일본군이 이 부근 다른 곳에도 머물고 있을 수 있다는 것이었기 때문에 북로군정서군은 달콤한 잠시의 휴식도 채 누리지 못하고 다시 전투태세에 돌입할 수밖에 없었다. 총사령관 김좌진과 참모장 나중소, 제2지대장 이범석은 즉시 작전 계획을 세웠다. 그 과정에서 승리의 여세를 몰아 적의 기마 부대를 선제공격하기로 하고, 적을 선제공격하는 데에는 날이 밝기 전의 기습공격이 필요하다는 데에 합의를 보았다.

북로군정서군은 계획에 따라 22일 새벽 4시경, 제2제대를 선두로 하여 행

---

19) 천수평전투 관련 내용은 독립운동사편찬위원회,「청산리대첩」,「독립운동사」5를 중심으로 서술하였다.

▲ 천수평 마을

군을 시작하였다. 행군한
지 1시간 만에 천수평에 도
착한 북로군정서군은 먼저
적의 소재와 부근 지리를
조심스럽게 파악해 나갔
다. 그리고 중대장 도전(島
田)이 지휘하는 적 기병 부대의 주력이 토성 안에 말을 매어 두고 인가에 들
어가 잠을 자고 있다는 것을 확인하였다. 일본군은 우리 독립군이 아직도 1
백 60리 밖 청산리 부근에 있을 것이라 생각하고 마음 놓고 잠에 들었던 것
이다.

제2제대는 곧 공격 태세를 취하였다. 김훈(金勳) 중대는 동쪽의 만록구(萬鹿溝)
고지를 점령하여 적의 퇴로를 차단하고, 이민화(李敏華) 중대는 남쪽 고지를 점
령하며, 지대장 이범석(李範奭)은 한건원(韓建源)·이교성(李敎成)의 2중대를 거느리
고 천수평 정면을 공격하기로 하였다. 열악한 상황이었지만 끈기와 오기로
걸어온 거북이 독립군이 방심하여 잠이 든 토끼 일본군을 향해 야심찬 공격
을 시작하기 직전이었다.

마침내 새벽의 정적을 깨는 독립군의 번개같은 총성이 쏟아져 내렸다. 그
소리에 적군들은 깜짝 놀라 잠에서 깨어났다. 꿈인지 생시인지 구분조차 할
수 없을 만큼 놀란 일본군은 허둥지둥 나와 말을 찾고 응사를 하였지만, 이
것을 예상하고 말을 향해 집단 사격을 퍼부었던 독립군의 총알에 말은 이미
쓰러지거나 달아난 상태였다. 또한 독립군의 총탄은 조준이 정확하였으므로
이리저리 허둥대던 적 기마대 1백 20명(추정)은 단시간에 중대장을 비롯해 거
의 다 쓰러지고 말았다. 천수평 일대는 이내 적군과 적의 말의 피로 붉게 물
들었고, 적의 시체·마체(馬體)·군용품들이 보기에도 처참하게 흩어졌다. 감
자 구덩이로 뛰어 들어가서 생명을 애걸하다가 폭탄 세례를 받는 무리들도

▲ 어랑촌 마을   ▲ 어랑촌 마을

있었다. 일본군에게는 차라리 꿈이었으면 좋았을 일이었겠지만, 그것은 꿈이 아닌 독립군의 생생한 승리였다. 이 천수평전투에서 적의 기마 중대 1백 20명은 거의 전멸을 당한 데 반하여 아군의 피해는 전사 2명, 경상 17명에 그쳤으니 청산리전투에 이어 얻은 대단한 승리였다.

북로군정서 독립군은 이와 같이 천수평전투에서도 크게 승리하였지만 또 다시 쉬지 못하고 곧바로 다음 전투를 준비할 수밖에 없었다. 왜냐하면 천수평전투에서 도망쳐 간 일본군 기병이 있었기 때문에 이들이 어랑촌에 설치한 그들의 기병연대 사령부에 사태를 보고할 것이 분명했고 그렇게 되면 일본군 대부대의 공격이 있을 것이 틀림없었기 때문이다.

북로군정서 독립군은 이에 적을 앉아서 기다리기보다는 기선을 제압하여 먼저 유리한 고지를 점령해 선제공격을 가하는 것이 승리하는 길이라 판단하고, 서둘러 '어랑촌의 서남단 874고지'를 선점하는 작전을 개시하였다. 북

▲ 홍범도

로군정서 독립군이 어랑촌 874고지를 선점하여 전투태세에 들어가고 얼마 후, 일본군도 이 고지를 선점하기 위해 달려 왔다. 아찔한 순간이었다. 다행이 이 고지는 한 발 앞섰던 북로군정서군의 차지가 되었다.

그 결과 북로군정서 독립군은 백운평전투 때와 마찬가지로 다시 고지 위에서 일본군을

내려다보며 전투를 하는 유리한 위치에 서게 되었고, 일본군은 고지 밑에서 고지 위에 있는 독립군을 공격하는 불리한 위치에 서게 되었다. 그러나 일본군에게는 북로군정서 독립군의 6배가 넘는 우세한 병력과 화력이 있었다. 그들은 자신들의 이러한 이점을 믿고 고지 아래에서 독립군을 밑으로 포위한 후 22일 오전 9시경 공격을 시작하였다. 일본군은 부근에 흩어져 있던 병력들을 모두 불러 모았기 때문에 일본군의 숫자는 시간이 갈수록 증가해 나갔다. 반면 북로군정서 독립군의 병력은 600명이었고, 화력이 제한되어 있어서 시간이 계속될수록 불리해지는 상황이었다. 그러나 지형이 유리하다는 희망과 이 자리에서 죽는 한이 있어도 나라를 되찾겠다는 비장한 각오로 혈전을 벌인 독립군은 이와 같이 불리한 상황 속에서도 우세한 성과를 내며 혈전을 전개해 나갔다. 강한 정신력으로 무장한 독립군은 유리한 지형을 이용해 우세한 화력으로 돌격해 오는 일본군을 내려다보면서 소총과 기관총을 퍼부으며 적을 쳐부셔 나갔던 것이다.

그러나 전투는 쉽게 끝나지 않았다. 병력과 화력에 있어 압도적으로 앞서 있던 일본군은 단념하지 않고 계속 북로군정서군을 고지 아래에서 포위하며 공격해 왔다. 일본군은 우세한 무기를 믿고 기병대로 측면을 공격하고, 정면에는 포병과 보병으로 결사적인 공격을 감행하였다. 그러나 북로군정서 독립군에게는 일본군에게 없는 강력한 무기가 있었다. 그 무기는 바로 반드시 나라를 되찾고야 말겠다는 강한 투지였다. 북로군정서 독립군은 이를 바탕으로 일본군에 대항하여 용감히 분전(奮戰)하였다. 당시 이들의 사기와 투지가 얼마나 높았는지는 다음의 일화만으로도 충분히 짐작해 볼 수 있다. 북로군정서 기관총대 제2소대장 최인걸(崔麟杰)은 기관총 사수가 전사하자, 스스로 자기 몸에 기관총을 묶고 몰려 올라오는 일본군을 집중 사격해 이들을 달아나게 한 뒤 기관총 탄환이 떨어지자 장렬하게 전사하였다고 한다.

이와 같이 치열한 전투를 벌이고 있던 때에 마침 완루구전투를 치르고 서

▲ 청산리전투 승전기념 사진(추정)

방으로 이동하던 홍범도연합부대가 어랑촌 부근을 찾아왔다. 이로써 전세는 독립군에게 유리하게 바뀌었다. 홍범도연합부대는 북로군정서 독립군이 일본군 연대병력에 포위되어 혈전을 전개하고 있다는 통보를 받고 이를 지원하러 온 것이었다.

홍범도연합부대와 김좌진의 북로군정서 독립군은 힘을 합쳐 일본군과 해가 지고 고지에 어둠이 내릴 때까지 치열한 전투를 벌였다. 일본군은 하나로 뭉친 우리 독립군 앞에서 속수무책으로 당할 수밖에 없었다. 그들은 막대한 희생만 낸 채, 끝내 고지를 점령하지 못하고 어두워지기 시작하자 패퇴하였다. 청산리독립전쟁 중에서 가장 치열하고 규모가 컸던 어랑촌전투도 결국 독립군의 대승리로 끝이 났다.

일본군은 특히 이 어랑촌전투에서 크게 패하였는데, 기병 연대장 가노우 (加納) 대좌를 비롯하여 300명의 전사자를 냈다고 한다. 일본군은 그들의 모든 보고서마다 독립군을 패배시켰다고 하면서도 어랑촌전투에서는 일본군이 패전한 사실을 간접적으로 시인하고 있다. 한편, 독립군 측도 어랑촌전투에서의 피해가 가장 컸다. 북로군정서 연성대장 이범석에 의하면, 북로군정서의 전사자와 부상자만도 100여 명에 달했다고 한다.

북로군정서 독립군은 어랑촌전투에서 승리한 다음 날인 10월 23일부터 소규모 부대를 편성해 서북방으로 이동하였다. 이때 북로군정서군은 일본군 부대들과 크고 작은 전투를 벌였는데, 그때마다 일본군에게 큰 타격을 주었다. 대표적인 전투는 '맹개골전투', '만기구전투', '쉬구전투', '천보산전투'이다. 청산리독립전쟁은 1920년 10월 21일부터 시작하여 26일까지 6일간 청산리 일대에서 독립군부대들이 일본 정규군을 상대로 벌인 10여 차례의 크고 작은 전투를 총칭하는 것으로, 이러한 전투들 모두가 항일전쟁 최고의 승을 올린 그 유명한 청산리독립전쟁에 속한다. 역사에 길이 남은 이 전투의 중심에 청산리 골짜기 골짜기를 쉼 없이 달린 만주벌 호랑이, 백야 김좌진이 있었다.

청산리독립전쟁이 끝난 이후에도 일본군은 패전을 설욕하기 위하여 증원 부대를 계속 증파하였다. 이에 김좌진은 하는 수 없이 후일을 기하기 위해 전략상 소만(소련과 만주)국경지대인 밀산으로 후퇴하게 되는데, 일본군은 이때 아무 죄도 없는 재만한인들에게 패전의 분풀이를 하였다. 일본군은 재만한인 부락을 초토화하는 작전을 감행하여 한국인이 보이면 무조건 살상하는 끔찍한 만행을 저질렀다[경신참변(庚申慘變)].

報

大韓軍政署報告

大韓軍政署總裁徐一로부터 一月十五日 大本營에 致한 報告에 依하
며 그 經過한 狀況이 左와 如하더라.

一、戰鬪前後 我軍의 情況

（明 略歷을 舉하면 左와 如하더라.
氏의 略歷은 東北三省北大堤川人이
間 ○○에 忠北提川郡으로
라 十五歲에 逃士가 되고 十八歲時에 軍資의 職으로
軍司令官을
己未年間(明 即后 가 倭寇에게 被就에 至하나 當年이 四十四라 하더라。)

十字社支社事務에 勤勞하고 數年 夏

二、靑山里와 泉水洞附近戰鬪狀況

此는 本報 第十八號 第四面에 揭
載한 戰鬪情報中에 在한바 大差
가업슴으로 今에 此를 省함

三、彼我의 死傷과 我軍의 戰利品

一、敵의 死傷者

死者聯隊長 一人 大隊長 二人 其他
將校以下 一千二百五十四人 (敵의
自相聯殺者 五百여人) 傷者將校 以
下 二百여人

二、我軍의 死傷과被虜

死亡 一人 傷夷 五人 捕虜 二人

三、我軍의 戰利品

機關銃 四挺、小銃五十三柄

五、彼 勝

司令部
敏華金
研成團
敕華金
第一中隊長
吳祥世
第三中隊長
大隊長
金勝彬
小隊長
樊小隊
麟杰
小隊長
金用河
中隊長
聯隊長
機關銃

▲ 북로군정서의 청산리전투 보고

▲▶청산리전투 기념비에 쓰인 글

▲ 청산리전투 기념비

▲ 청산리계곡

▣ 무오독립선언서(대한독립선언서) 원문과 서명자 명단

〈원문〉

大韓獨立宣言書

檀君紀元四千二百五十二年二月 日

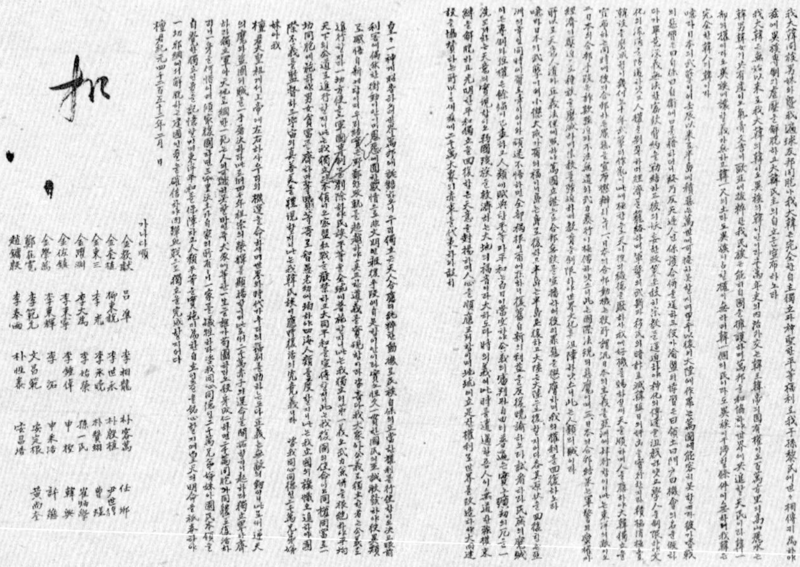

▣ 서명자 명단

김교헌, 김동삼, 조용은(조소앙), 신규식, 정재관, 여준, 이범윤, 박은식, 박찬익, 이시영, 이상룡, 윤세복, 문창범, 이동녕, 신채호, 허혁, 이세영, 유동열, 이광, 안정근, 김좌진, 김학만, 이대위, 손일민, 최병학, 박용만, 임방, 김규식, 이승만, 조욱, 김약연, 이종탁, 이동휘, 한흥, 이탁, 황상규, 이봉우, 박성태, 안창호

▲ 김교헌

▲ 김동삼

▲ 김약연

▲ 박은식

▲ 신규식

▲ 신채호

▲ 안창호

▲ 윤세복

▲ 이동녕

▲ 이동휘

▲ 이상룡

▲ 이시영

▲ 김규식

▲ 문창범

▲ 박용만

▲ 박찬익

▲ 이승만

▲ 유동열

▲ 조소앙

▲ 정재관

▲ 조성환

■ 서로군정서 독판 석주 이상룡이 북로군정서 사령관 김좌진의 편지에 답한 글

■ 김(좌진)에게 답하다. 경신년(1920) 答金(佐鎭)

밀십(密什)에서 맹서한 것도 변하지 않았고 화전(樺甸) 입구에서의 약속도 두 달밖에 되지 않았는데, 한번 남북으로 흩어지니 소식이 묘연하더니 뜻밖에 두 젊은이가 편지를 가지고 찾아와 오래된 약속을 버리지 않으시는 의리에 매우 감격하였습니다.

삼가 봄이 한창인데 객지에서 기체가 나라를 위해 만중하신지요. 군정서의 일이 날로 발전하여 실력을 완전히 갖추셨으니, 저로 하여금 망양지탄(望洋之嘆)을 금할 수 없게 합니다. 더구나 좌우께서는 간성지재(干城之材)로 사령관의 직책을 맡고 있으니 범위가 작지 않은데다 널리 계책을 연합하여 결집함에 인력도 있고 실력도 있으시니 무슨 일인들 잘하여내지 못하시겠습니까? 다만 관할하는 지역이 매우 넓어 조석으로 서로 만나 서로 긴밀한 협조를 할 수 없는 것이 한스럽습니다.

저 계원은 이곳에 도착한 후로 마침내 여러 사람들의 권유로 만에 하나도 비슷하지 않은 몸으로 감당할 수 없는 직임을 맡아서 세월만 보내고 진전은 조금도 없는 중에 봄기운이 이미 생겨나고 있으니, 자칫 시기를 놓쳐 대사를 그르치게 된다면 한갓 여러 분들께 장애만 될 듯하여 매우 두려울 뿐입니다.

이장녕(李章寧) 군은 이곳에 있으면서 이미 띠고 있는 직명이 있는데다가 긴요한 일로 심양의 집에 머물고 있습니다. 만약 마음을 같이하는 사이가 아니라면 요청하신 뜻을 감히 받들지 못하겠지마는, 다만 귀서와 본서는 하나면서 둘이고 둘이면서 하나이기 때문에 기관으로 차별해서 달리 보는 일이 있어서는 안 되겠기에, 부득이 이미 맡은 직무를 낱낱이 되돌리고 지금 진행 중인 일을 철폐하여 말씀하신대로 보내오니 좌우께서는 저의 충심을 생각하시어 진실한 마음으로 연대하시고 경계를 두지 말고 일치하여 함께 나아가기를 천만 간절히 바랍니다.

(국역 「석주 유고」)

▣ 북로군정서가 승전한 이유

1921년 1월 5일 군정서 총재 서일이 임시정부 대본영에 보낸 보고서에는 피아 간(彼我間) 승패의 원인이 다음과 같이 분석되어 있다.

▣ 적의 실패 이유

① 병가에서 제일 꺼리는 것은 경적(輕敵)의 행위인데, 험곡장림(險谷長林)을 별로 수색도 없이, 경계도 없이 맹진(盲進)하다가 항상 일부 혹은 전부의 함 몰을 당함이며,

② 국지전에 대한 경험과 연구가 부족하여 삼림과 산지 중에서 종종의 자상(自 相) 충돌을 당함이며,

③ 그들 군인의 염전심(厭戰心)과 피사도생(避死逃生) 하는 겁나심은 극도에 달하여 군기가 문란하며, 사법(射法)이 부정(不精)하여 1발의 효과도 없는 난사(亂射)를 행할 뿐이더라.

▣ 아군의 전승(全勝) 이유

① 생명을 불구하고 분용(奮勇) 결투하는 독립에 대한 군인 정신이 먼저 적의 지기(志氣)를 압도함이요,

② 양호한 진지를 선점(先占)하고 완전한 준비로 사격 성능을 극도 발휘함이요,

③ 응기수변(應機隨變)의 전술과 예민 신속한 활동이 모두 적의 의표(意表)에 출함이라.

(『독립신문』1921년 1월 18일자 「대한군정서 보고」)

▣ 북로군정서 사령부의 전시 편성

총사령관	김좌진
참모장	나중소(羅仲昭)
부관	박영희(朴寧熙)

연성(研成)대장		이범석(李範奭)
종군 장교		이민화(李敏華) · 백종렬(白鍾烈)
		한건원(韓建源) · 김 훈(金 勳)
보병 대대장		김규식(金奎植)
부관		김옥현(金玉鉉)
제1중대장		강화린(姜華麟)
특무 정사		나상원(羅尙元)
제2중대장		홍충희(洪忠熹, 대대장 서리 겸)
제3중대장		김찬수(金燦洙)
특무 정사		권중행(權重行)
제4중대장		오상세(吳祥世)
제1중대	제1소대장	강승경(姜承慶)
	제2소대장	신희경(申熙慶)
제2중대	제1소대장	채춘(蔡春)
	제2소대장	김명하(金明河)
제3중대	제1소대장	이익영(李翊永)
	제2소대장	정면수(鄭冕洙)
제4중대	제1소대장	김동섭(金東燮)
	제2소대장	이운강(李雲岡)
기관총대	제1소대장	김덕희(金德喜)
	제2소대장	최인걸(崔麟杰)

(독립운동사편찬위원회, 『독립운동사』 5)

▣ 독립군이 사용한 체코군 무기의 입수경로

본문에서 살펴본 대로 청산리독립전쟁을 승리로 이끈 요인 중 하나는 우수한 무기력이었다. 이 무기가 우리 독립군의 손에 들어오기까지의 과정을 아래의 자료를 통해 자세히 확인할 수 있다.

▣ 체코군 무기를 사용하게 된 뒷이야기

제1차 세계대전 때 독일과 오스트리아가 제정 러시아와 단독 강화 조약을 체결함으로써 체코슬로바키아는 오스트리아의 철쇄로부터 해방되어 미·영·불 등의 원조 아래 자유 민주국으로 독립하게 되었다. 이 소식이 전해지자 오스트리아에 참전하였던 체코슬로바키아 인민으로 조직된 2개 군단은 동유럽 전선으로부터 시베리아를 경유하여 서부에 이르러 연합군과 손을 잡고 싸워서 개선 귀국하려는 생각을 하게 되었다. 그래서 이들은 러시아를 가로질러 우랄 산맥을 넘어 블라디보스토크에 집결하였다.

서쪽으로 떠나는 배를 기다리는 동안 그들은 한국 독립운동의 이야기를 전해 듣고 지난날 그들 자신이 오스트리아 제국의 철쇄 밑에 피지배 약소민족으로 구박을 받은 노예 생활을 회상하여 우리에게 동정심을 보여 주었다. 마침내 그들은 무기고에 저장하였던 무기의 일부를 싼 값으로 독립군에게 팔게 되었다.

(독립운동사편찬위원회, 「독립운동사」 5)

▣ 주민들의 무기 운반

당시 무기 운반에 직접 참가하여 생생한 체험을 가진 이우석(李雨錫)은 1920년 6월 어느날 북로군정서로부터 러시아로 가서 무기를 운반해 오라는 사명을 받고 무장한 경비대에 편입되었는데 지방에서 선발해 온 2백여 명은 도수(徒手)로 가는 터이라 이들의 자체 보호를 위하여 30여 명의 무장 경비대가 수행하는 것인데 험한 산길을 통하여 하루 길을 가서 훈춘 지방 민가에서 하룻 밤을 지새고 그 다음날 국경을 넘어 30여 리쯤 가서 30여 호의 동포 부락에 다다르니 우리 무기 운반대 일행을 집집에 나누어 배치케 하고 통지가 올 때까지 기다리라는 것이었다. 이곳에서 70리 되는 해안은 블라디보스토크 항구 내해인데 배편으로 운반해 오는 무기를 넘겨받아 가지고 가게 되는 것이다. 처음에는 2~3일 내로 무기가 입수될 예정이었는데 뜻밖에 지장이 생긴 것은 제정 러시아가 망하고 혁명 러시아가 탄생되어 구제도가 개혁되는 과정에서 자연히 화폐 개혁이 실시되매 구 지폐를 마련하였던 우리 독립군 측으로서는 당황하지 않을 수 없었다. 그래서 새로

대금을 마련해서 공행(空行)이 되지 않도록 한다고 기다리라는 것이었다.

그런데 문제는 식량 문제이다. 주민들은 식량이 다 떨어진 초여름이라 무기 운반대 일행 2백여 명의 식량이 문제이다. 감자 알이 채 들지도 않은 것을 파다가 먹고 연명을 해 가는 실정이니 이 엄청나게 많은 손을 치닥거리하는 주민들이나 주객이 모두 굶주려서 기아의 사선에서 신음하게 되었다. 이렇게 지내기를 한 달 이상이나 하게 되는데 일군의 병참은 불과 30리 거리에 있고 후방은 마적단의 소굴로 불과 20리밖에 안되는 거리에 있었다. 어느 때 습격을 당할지도 모르는 환경에 처해 있었다. 이와 같이 무기 운반대 일행은 한 달여 간이나 갖은 고초를 당하다가 백계 러시아인에게서 무기를 사도록 교섭이 되었다. 무명(無名)의 사(事)를 일으켜 대군을 시베리아에 상륙시킨 일제는 백계 러시아인을 원조하여 혁명군과 대항하게 하였으나 반혁명군은 패전에 패전을 거듭하며 결국은 부패할 대로 부패해져서 일본군에게서 원조와 많은 무기를 팔아먹고 있었다. 우리 독립군은 이것을 입수하게 되었다. 오래간만에 무기를 샀다는 통지를 받은 이우석을 선두로 한 무기 운반대는 야음을 이용해서 산길로 행군하여 갔었다. 중간에 있는 일본 병참소를 피하기 위하여서이다.

블라디보스토크 내해면에서 무기를 받아 가지고 돌아올 때에 밤에만 행진하고 낮에는 산중에서 은신하였다가 다시 밤이 되면 행진하는 것이었다. 이렇게 해서 2백여 명의 일행이 무기를 메고 천신만고하여 국경을 넘어 훈춘 땅에 도착하여 운반대가 겨우 긴장을 풀 정도로 고난의 역정이었다. 이 대부대가 무기를 한 짐씩 걸머지고 왕청현 서대파(西大坡) 북로군정서 본영에 돌아오니 군정서 수뇌가 모두 뜨겁게 운반대 일행을 찬사와 치하로 맞아 주었다. 체코슬로바키아 군에게서 구입한 무기와 백계 러시아군에게서 입수한 무기로 무관 양성소 학생들은 다시 무장을 강화하게 되었다. 그중에서도 중기관총은 큰 자랑이 아닐 수 없었다. 이렇게 하여 왕청현 서대파 산곡에는 6백여 명의 사관생이 완전 무장을 하게 되고 의기 충천하여 진군 나팔 소리도 남달리 요란하여 삭북의 산야에서 메아리 칠 때 침략 일본군의 잔인한 시선은 왕청현 서대파 일대를 주목하게 되었다.

(독립운동사편찬위원회, 『독립운동사』5)

▲ 길림 송화강 1941

▲ 길림성공서의 앞 거리

▲ 길림시가모습

▲ 길림시전경(1941)

▲ 북산에서 본 길림시 전경

6장 만주벌 호랑이가 되다-청산리 독립전쟁 | 147

▲ 기관총

▲ 독립군이 사용한 무기

▲ 독립군에게 무기를 제공해준 체코 가이다
장군

▲ 가이다 장군 묘소(조준희 제공)

▲ 체코군 추모비(블라디보스토크)

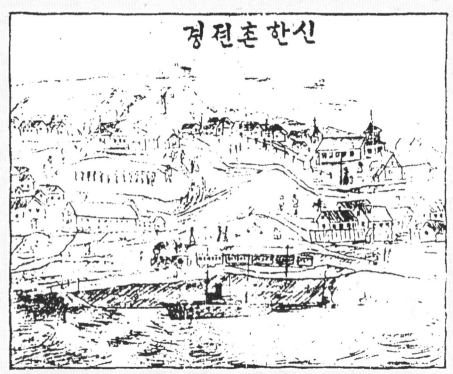

▲ 러시아 연해주 독립운동의 근거지 신한촌

▲ 블라디보스토크

▲ 블라디보스토크 금각만

▲ 블라디보스토크 시베리아 출병군

▲ 블라디보스토크 우편국

▲ 블라디보스토크 중심거리

▲ 블라디보스토크 개선문

▲ 블라디보스토크 항구

▲ 블라디보스토크 역

북만주에서 대중의
중요성을 깨닫다 **7**장

청산리독립전쟁을 마친 그는 숨 돌릴 새도 없이 또다시 험난한 항일운동의 길을 걷게 된다. 청산리에서의 전쟁은 성공으로 끝이 났지만, 일본과의 전쟁은 계속해서 진행 중인 상황이었기 때문이다. 청산리독립전쟁 이후 그는 조국을 되찾기 위해 고심하며 여러 항일운동단체들을 조직하고 다양한 활동을 전개해 나가게 되는데, 이 시기 그가 활동한 단체는 대한독립군단, 신민부, 한족총연합회였다. 이번 장에서는 청산리독립전쟁 이후의 그의 행적을 이들 단체들을 중심으로 하여 구체적으로 살펴보고자 한다. 즉, 이들 단체에서 그가 한 활동들을 중심으로 하여 청산리독립전쟁 이후 북만주에서 벌인 김좌진의 항일운동을 구체적으로 살펴볼 것이다. 활동한 단체의 이름과 성격은 각기 달랐지만, 우리는 이들 단체에서 보여준 김좌진의 활동 모습들을 통해 그가 벌인 항일운동의 공통점과 그 변화의 흐름을 엿볼 수 있다.

1. 대한독립군단 활동

청산리독립전쟁에서의 승리는 조국에 큰 기쁨을 안겨주었지만, 김좌진 개인에게는 이후 가족들과 이별해야 하는 가슴 아픈 현실을 안겨주었다. 『조선일보』 1930년 2월 13일자는 당시의 안타까운 이별 모습을 생생하게 그려주고 있다. 청산리독립전쟁 이후, 김좌진을 비롯하여 당시 이름 모를 수많은 독립군들은 이와 같이 사랑하는 가족들을 남겨 둔 채 눈물을 삼키며 떠나갈 수밖에 없었다.

> 눈 쌓인 만주벌판 애끊는 부녀별루(父女別淚)
>
> - 생이별은 필경 영이별이 되어
>
> 비명으로 횡사한 김좌진 씨의 애첩이었던 김계월(金桂月)의 품에는 아들 두환(斗煥)이······김두환은 지금 안성 지방에 있다 하며 김계월은 원산에 있는 모 요리집에 있다는데······그가 만주에 있을 때에 일본의 토벌대에게 쫓기어 만주를 버리고 시베리아로 떠날 때 그의 애녀인 16세 된 옥남(玉男)이가 아버지의 소매에 매달려 흐느껴 울며, 아버지의 뒤를 쫓아가겠다고 몸부림을 하던 것을······뿌리쳐 길에 쌓인 눈 위에 넘어진 것을 내려다보고는 "아비가 성공을 하고 돌아온 뒤에는 좋은 데 시집을 보내주마" 하는 한 마디를 남기고는 훌훌히 떠나갔다는데, 뒤에 옥남이는 아버지의 돌아오는 날만 손꼽아 기다리다가 거치른 만주벌판에서 고혼이 되었다 한다.
>
> 『조선일보』 1930년 2월 13일자

◀ 밀산역

전쟁은 독립군의 대승리로 끝이 났지만, 이를 계기로 일본군이 계속 증원되어 각 독립군 부대들은 작전상 개별적으로 후퇴해 밀산(密山)으로 향하였다. 그들은 겨울이라 날씨도 춥고, 일본군이 끈질기게 추격해오는 상황이었기 때문에 조직적으로 이동하지 못하고 산발적으로 후퇴할 수밖에 없었다. 그러한 가운데 낙

▲ 조성환

▲ 지청천

오병이 생기기도 했고, 일부는 일본군에게 체포되기도 하였다. 이러한 비참한 상황 속에서도 포기하지 않고 계속 북상한 독립군은 마침내 밀산에 집결해 '대한독립군단'을 조직하게 된다.

대한독립군단에는 총재에 서일, 부총재에 김좌진을 비롯해 홍범도·조성환이 추대되었다. 그리고 총사령에는 대한제국 군인 출신인 김규식이, 참모장에는 역시 대한제국 무관학교 출신인 이장녕과 일본군 출신으로 신흥무관학교 교장을 지낸 지청천이 각각 임명되었다. 병력은 약 3,500명 정도되었다.

이와 같이 대한독립군단이라는 이름하에 재정비는 하였지만, 당시 정세는 독립군에게 불리한 상황이었다. 밀산에도 일본군이 주둔하고 있었고, 이웃 러시아국경지대에는 러시아혁명군이 있었기 때문이다. 이와 더불어 무기와 식량의 보급, 앞으로의 행보 등도 큰 문제였다. 그리하여 결국 각각의 독립군

▼ 흑하시 전경

▲ 자유시 입구   ▲ 자유시 참변의 현장

부대들은 또다시 흩어지게 되는데, 일부는 러시아와 남만주로 떠나고 나머지는 밀산에 머물게 되었다. 이때 밀산에 남았던 서일은 이후 부하들이 토비들에게 살해되었다는 소식을 듣고 암담한 현실을 비관하며 자살하게 된다.

　러시아로 넘어간 독립군은 계속 북상하여 서쪽으로 흑하(黑河)까지 진군하였다. 당시는 러시아혁명(1917년에 러시아에서 일어난 3월혁명과 10월혁명을 아울러 이르는 말)이 진행되던 때로 러시아의 백군과 소비에트혁명군의 전투가 계속되고 있었다. 구체적으로는 시베리아에 출병한 연합군이 러시아 백군과 연합하여 러시아혁명을 진압하기 위해 소비에트혁명군과 전쟁을 계속하고 있던 상황이었다. 그런 가운데 독립군과 박일리아부대·박그리고리부대는 소비에트혁명군의 편에 서서 시베리아에 출병한 일본군과 전투를 벌였다. 그런 와중에 불행하게도 독립군은 소만국경선인 흑하까지 가서 러시아에 거주하고 있던 한국인으로 조직된 한인부대와 군권쟁탈전을 벌이게 된다. 그 결과 독립군인 대한의용군은 러시아 적군 29부대에게 무장해제되고, 그 과정에서 지청천을 비

▼ 수분하 시내

▲ 동녕현 당안국

롯한 많은 독립군이 체포·감금되는 등 다수의 희생자가 생겨났다. 이 사건
이 바로 독립운동 역사상 최대의 비극이자 불상사라고 일컬어지고 있는
1921년 6월에 있었던 '자유시참변'(러시아 연해주 자유시에서 일어난 사건)
이다. 이 참변에서 간접적으로 타격을 받은 김좌진 부대는 다시 발걸음을 옮
겨 북만주지역으로 이동하였다.

　1922년 김좌진은 수분하(綏芬河. 중국 흑룡강성 목단강에 있는 시)와 북만주 일대에서
대한독립군단을 재조직하여 총사령관으로 활동하였다. 본부는 중소 국경지
대인 동녕현(東寧縣)에 두었다. 이때 조직된 대한독립군단은 이범윤을 중심으

▼ 동녕현 중소 국경지대

로 한 대한제국의 재건을 주장하는 복벽주의자(復辟主義者)들과 김좌진을 중심으로 한 공화주의자들의 연합적인 성격을 띤 단체였다고 할 수 있다. 이때 김좌진은 무장투쟁에 의한 국권의 회복을 강조하였다.

당시 그가 동녕현에 본부를 둔 것은 만주와 연해주지역의 동포들을 바탕으로 독립전쟁을 전개하고자 하였기 때문이 아니었을까 한다. 이것은 1923년 8월경 당시 김좌진부대가 대한군정서원 400여 명 외에, 소수분(小綏芬) 무관학교 생도 60명과 연해주로부터 모집한 무관학교 후보생 120명까지 해 약 580여 명이었다는 보고를 통해 짐작해 볼 수 있다.[1] 즉 김좌진은 이범 윤, 박두희(朴斗熙) 등과 함께 동녕현 소수분을 중심으로 하여 무관학교를 설립해 독립군을 양성하였는데, 그 인적자원을 만주와 러시아 연해주 한인 사회로부터 제공받았던 것이다.[2]

김좌진은 당시 총사령관으로서 군자금 모집, 독립군 징모 등에 상당히 고 심하였을 것으로 추정된다. 1919년 3·1운동 이후에는 대중적인 지지 속에 서 군자금을 모금할 수 있었지만, 1920년 일본군의 만주 출병 이후부터는 상황이 크게 달라졌다. 경신참변을 겪으면서 일본군에 대한 두려움으로 인 해 재만한인사회가 크게 위축됐기 때문이다. 이에 김좌진은 재만동포들에게 회유와 더불어 강력한 경고를 함으로써 이 문제를 해결하고자 하였다. 이 점 은 대한독립군단 총사령관 김좌진의 명의로 1924년 3월에 발표된 부령(部令) 제11호에 잘 나타나 있다. 이를 살펴보면 다음과 같다.

〈부령 제11호〉
제1조 각 지역에서 나라 일에 진력하다가 순직한 씨명을 조사해서 역사책 에 기입한다.

---

1) 『불령단관계잡건 조선인부』, 재만주 36, 432-2-2-3, 1923년 9월 3일.「김좌진 행동에 관한 것」
2) 『불령단관계잡건 조선인부』, 재만주 37, 432-2-1-3, 1924년 1월 18일.「북만주에 있어서 독립운동가의 소 재 및 그 계획에 관한 건 보고.」

제2조 나라 일을 위해서 부상 또는 환자에 대해서는 상당한 구휼(救恤)을 한다.

제3조 적의 우롱을 받아서 귀순한 자와 생활을 위해서 일시적 수종(首從) 동화한 자에 대해서는 정상을 작량(酌量)해서 벌하는 것을 논의하고, 개정의 정이 확실한 자는 사면한다.

제4조 본 군단의 징모대 또는 모연대를 적 또는 외국 관헌에 고발한 자는 극형에 처한다.

제5조 본 군단에 있어서 징모한 병사로서 병역의 복무를 기피하는 자는 중벌에 처한다.

제6조 본 군단에서 청연(請捐)한 군자금의 납부를 거절한 자는 중벌에 처한다.

대한민국 5년 3월
대한독립군단 총사령관 김좌진[3]

김좌진은 부령 11호에 근거하여 군자금 모집을 적극적으로 추진하였는데, 이는 부령 제12호를 보면 잘 알 수 있다.

〈부령 제12호〉

일금 5천 원정

우(右) 금액은 본년 음력 4월 말까지 본 사령부 경리부에 직접 납입해야 한다. 만약 기일을 어길 경우에는 부령 제11호 제6호에 의거하여 처벌한다.

대한민국 5년 음력 4월 20일
대한독립군단 총사령관 김좌진[4]

김좌진은 주민들에게 이와 같이 군자금을 요청하면서 대한민국의 국민으로서, 배달민족으로서 자각하여 그 의무와 천직을 다해줄 것을 청하였다.[5] 그리고 그는 이러한 군자금 모집을 그 본부가 있던 동녕현 일대뿐만 아니라

---

3) 「부령 제 11호」(흑룡강성 당안관 소장).
4) 「부령 제 12호」(흑룡강성 당안관 소장).
5) 대한민국 5년 음력 4월 20일자로 김좌진이 동포들에게 드린 글(독립기념관 소장).

▲ 한인마을 전경

▲ 모내기 하는 한인동포들

여러 지역에서 한 것으로 보이는데, 영안지역에서도 군자금 모금이 이루어졌다는 것을 일본 첩보기록을 통해 알 수 있다. 이 첩보기록에는 그가 1923년 영안에 살고 있는 김서기에게 군자금 5천 원을 요구하였다고 기록되어 있다.[6]

이와 같이 김좌진은 군자금을 모으기 위해 많은 노력을 기울였는데, 이러한 그의 노력에도 불구하고 군자금 모금활동은 주민들로부터 원성을 사게 된다. 당시 주민들은 일본군들로부터는 생명의 위협을, 경제적인 면에서는 생계의 곤란을 겪고 있었기 때문에 군자금 모금에 큰 부담을 느꼈던 것이다. 상황이 이러하였던 탓에 급기야 중국지방관헌은 대한독립군단의 간부들을 체포하려고까지 하였다.[7] 정리해 보면, 김좌진은 1922년 이후부터 신민부

6) 1923년 6월 14일자 재하얼빈 총영사가 일본 외무대신에게 보낸 문서, 「김좌진의 군자금 강요에 관한 것」(독립기념관 소장).
7) 신주백, 『만주한인민족운동사』, 아세아문화사 1999, p.80

가 조직되는 1925년 이전까지 계속해서 무장투쟁노선을 견지하였지만, 이 시기의 그의 무장투쟁노선 견지는 재만동포들의 민족의식 저하 등 주변 요건의 변화로 인해 상당한 위기에 봉착하지 않았나 생각된다.

　대한독립군단에서의 활동이 이와 같은 어려움에 처하게 될 무렵, 김좌진은 북만주지역의 독립운동단체와 민간조직, 대종교와 같은 종교조직 등을 전체적으로 결합시켜 신민부 탄생의 견인차 역할을 하게 된다. 청산리독립전쟁으로 끝이 났으면 좋았을 나라를 되찾기 위한 그의 여정은 이렇게 대한독립군단에서 신민부로 또다시 이어졌다.

2. 신민부 활동

　1924년 10월 18일, 남만주지역에서는 이 지역 전체를 통괄하는 하나의 독립운동단체가 조직된다. 이 단체의 이름은 정의부로, 통의부를 중심으로 하여 길림주민회·의성단·서로군정서 등이 통합하여 조직된 것이었다. 남만주지역 단체들의 이와 같은 통합은 김좌진의 대한독립군단을 비롯해 북만주지역에서 활동하던 독립운동단체들에 큰 자극을 주게 된다. 북만주지역 단체들은 1925년 1월 목릉현(穆陵縣)에 모여 부여족(扶餘族) 통일회의를 개최하고, 동년 3월 10일에 영안현(寧安縣) 영안성(寧安城) 내에서 신민부를 조직하였다. 이때 김좌진은 창립 총회에 남성극(南星極)·최호(崔灝)·박두희·유현(劉賢) 등과 함께 대한독립군단의 대표로서 참석하였는데 이 회의에는 대한독립군단, 대한독립군정서 및 16개 지역의 민선대표, 10개의 국내 단체 대표 등이 참가하였다.[8]

　신민부 결성과 관련하여 당시 신문은 다음과 같이 보도하였다.

---

8) 국사편찬위원회,『한국독립운동사』4, 1968, p.808.

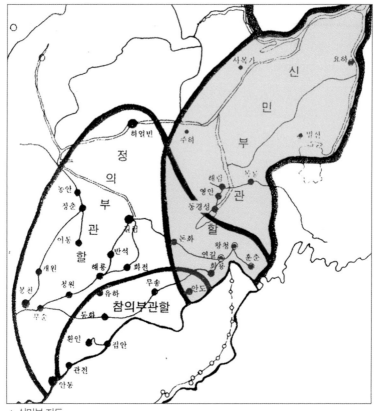

▲ 신민부 지도

　'대한독립군단' 대표 김좌진 등은 부여족 통일회의를 개최해 세력단체로 신민부를 조직하였다. 중앙 조직은 위원제로. 이번 남북만주에 있는 대한독립군단 대표 김좌진, 남성극, 김혁, 조성환, 중동선교육회장 윤우현 및 조선 내지(內地)……각 단체의 수뇌자(首腦者) 되는 약 38명이 북만주 목릉에 모여 부여족 통일회의를 개최하고 부여족 전부를 규합하여 큰 세력을 만든 뒤에 중대사업을 실행하기 위해 신민부를 조직하였는데 그 부의 행정구역은 남으로는 안도현으로부터 북으로는 요하현에 이른다고 하며……더욱 이때 회의에 참석한 조선 내지 대표 두 사람은 현금 3천 원을 기부하였고, 또 장래로도 계속하여 사업 유지비로 많은 돈을 내리라고 공언하였다는데…….

『동아일보』 1925년 4월 28일자

▲ 영안

　엄밀히 말하면, 위의 인용 부분은 김좌진 장군 관련 기사 내용 중의 일부이다. 그에 관한 기사임에도 불구하고 신민부의 결성 내용을 이와 같이 상세히 소개하고 있는 것으로 볼 때, 신민부의 결성에 있어 김좌진의 위치를 미루어 짐작해 볼 수 있다. 이를 통해서 보면 당시 국내 언론에서는 신민부의 결성 과정에 백야 김좌진이 참여했다는 사실이 상징적인 의미를 갖고 있음을 인식하고 이를 나타내고 있었던 것으로 보인다.[9]

　김좌진은 신민부 조직 당시에 중앙집행위원회의 군사부위원장 겸 총사령관의 직책을 맡았다. 여기에는 그동안 무장투쟁가로서 큰 활약을 해 온 그의 경력이 영향을 미쳤을 것이다. 중앙집행위원장에는 고종황제의 시종무관을 지낸 김혁, 민사부위원장에는 최호, 참모부 위원장에는 나중소, 외교부위원장에는 조성환, 실업부위원장에는 이일세(李一世), 심판원장에는 김돈(金墩), 교육부위원장 겸 선전부위원장에는 허성묵(許聖默. 허성묵은 별명이고 본명은 허빈(許斌)이다) 등이 임명되었다. 그리고 김좌진의 지휘 아래 백종열, 오상세(吳祥世), 문우천, 주혁, 장종철 등이 각각 무장부대를 거느리고 있었다.[10]

　이렇게 조직된 신민부의 이념은 대종교적 민족주의였고 그것은 조선인의 민족정신, 즉 단군을 중심으로 한 민족정신을 배양하여 이상적인 국가인 배

---

9) 황민호,「북만에서 쓰러진 항일 무장투쟁의 거인」, 유준기 편, 『한국근현대인물강의』, 2007, 국학자료원, pp.389~390.
10) 국사편찬위원회, 『한국독립운동사』4, pp.810~811.

달국을 지상에 재건하는 것이었다. 신민부에서는 이와 함께 공화주의도 추구하였는데, 이러한 신민부의 이념은 김좌진의 사상과도 일치하는 것이었다 (구체적으로 어떠한 점에서 그러한지는 8장에서 확인할 수 있다).

이제 김좌진이 신민부에서 펼친 활동을 구체적으로 살펴보자. 첫째로 김좌진은 신민부 이전에 활동한 대한독립군단에서와 마찬가지로 군자금을 모금하는 데 큰 노력을 기울였다. 군자금은 무장투쟁을 하는 데 있어 필수적인 요소이다. 군자금이 없으면 무기를 구입할 수 없고, 무기를 구입하지 못하면 당연히 군사작전도 펼칠 수 없기 때 문이다. 이에 김좌진은 재만한인들로부터 의무금을 징수하고자 하였다. 그러나 대한독립군단 때와 마찬가지로 당시 재만한인 농가의 생활은 극히 어려웠기 때문에 의무금은 그의 생각만큼 잘 모이지 않았다. 상황이 이렇게 되자 김좌진은 국내에서 군자금을 모금하고자 모연대(募捐隊)를 조직하여 국내로 파견하였다. 그러나 이것 또한 일제의 감시로 인해 순탄하게 이루어지지 못하였다.

신민부 시절 그의 군자금 모금 활동은 그 당시 신문기사를 통해서도 엿볼 수 있다. 『동아일보』 1926년 5월 26일자 기사는 이와 관련하여 흥미로운 사실을 보도하고 있는데, 그 주된 내용은 김좌진이 군자금을 확보하기 위해 총독부가 만주로 보내는 돈 약 6,000원을 탈취했다는 것이다.[11]

둘째로 김좌진은 독립군을 양성하기 위하여 노력하였다. 그는 목릉현 소추풍에 성동사관학교(城東士官學校)를 만들었다. 김좌진은 북로군정서 시절에도 독립군 간부를 양성할 목적으로 사관연성소를 세운 바 있었다. 신민부 시절에도 이러한 활동이 이어진 것이다. 이 사관학교에서 김좌진은 부교장으로 활동하였으며, 교장에는 김혁, 교관은 오상세·박두희·백종열 외 5인이, 고문으로는 이범윤·조성환 등이 일하였다. 이 학교는 환경이나 시설 등 여

---

11) 『동아일보』 1926년 5월 26일자, 「總督府公金 新民府가 奪取, 총독부에서 만주로 보내는 돈 中東鐵道 연선에서 신민부원 金佐鎭이 軍費에 쓰라고 빼와서, 奪取된 金額은 六千圓」.

▲ 목릉현 팔면통역

러 가지 면에서는 열악하였지만, 민족의식이 강렬한 청년 500여 명과 김좌
진을 비롯한 뛰어난 이들의 교육이 잘 맞물려 큰 성과를 거둘 수 있었다.[12]

　김좌진은 독립군을 길러내는 것에서 그치는 것이 아니라, 이렇게 양성된
병력을 유지하고 보충하는 일에도 많은 노력을 기울였다. 그는 병력을 지속
적으로 보충하기 위하여 17세 이상 40세 미만의 청장년을 대상으로 군구제
(軍區制)를 실시해 군적을 두고자 하였다.[13] 그러나 이러한 움직임을 눈치 챈
일본 하얼빈 영사관에서 중국 측에 요구하여 이를 방해하였다.[14] 그러나 김
좌진에게 포기란 없었다. 그는 일본의 감시를 피하기 위하여 군구제를 둔전
제(屯田制)로 전환시켜 농번기에는 농사를 짓고, 농한기에는 군사훈련을 받도
록 하였다.[15] 그리하여 밀산·안도 등의 여러 곳에서 둔전제를 실시하게 되
었는데, 안타깝게도 이러한 그의 노력은 밀산에서는 기독교인들의 반대, 그
리고 안도에서는 마적들의 습격과 중국관헌 및 일본 측의 방해 등으로 인해
실패하고 말았다.[16]

　셋째로 김좌진은 무장투쟁을 전개하였다. 그는 1927년 8월을 시작으로
하여 국내 진격 작전의 일환으로 이중삼 등 특수공작대를 국내로 파견하였
다. 그들은 전국 각지로 보내졌는데, 김좌진은 이들에게 작전지도의 작성과
일본주재소의 위치 등을 파악하도록 하였다.[17] 또한 그는 1925년 강모 등

12) 崔煥宇,「海外朝鮮革命運動小史」, 東方文化社, 1945, p.76.
13) 채근식,「징병제실시」,『무장독립운동비사』, pp.109~110.
14) 채근식,「징병제실시」참조
15) 애국동지원호회,『한국독립운동사』, 1956, p.324.
16) 林堈,『北滿新民府』, 필사본, 1945, pp. 18~22.
17) 채근식,「혈전준비」,『무장독립운동비사』, pp.115~116.

신민부원에게 수십 개의 폭탄과 권총을 주고, 제등실(齊藤實, 사이토 마코토) 총독의 암살을 지령하기도 하였다.[18] 그리고 친일(親日)·부일(附日)기관인 보민회(保民會. 강점기에 만주지역에서 항일세력에 대한 정보수집 및 조선인 사회 통제를 목적으로 결성된 단체), 조선인민회(朝鮮人民會. 일본이 재만 조선인들을 감시하고 통제하기 위해 설립한 어용단체), 권농회, 시천교(侍天敎. 최제우를 교조로 하는 동학 계통의 한 파로 교의는 천도교와 같으나, 국권 강탈에 앞장섬으로써 백성의 불신을 사게 되었다), 청림교, 제우교(濟愚敎. 제우교에는 일진회 계열의 인물이 다수 가담하였고, 3·1운동 이후 만주지역에 항일기지가 건립되자 이 지역에서 반일세력을 탄압하는 일에 앞장섰다) 등의 주요 간부를 암살하고자 하였다. 이와 관련하여서는 다음의 기사가 참고될 수 있다.

> 지난 9월 26일 중국 동지선 영고탑에 근거를 두고 활동하는……신민부원이 하얼빈 조선인민회를 습격하여 마침내 조선인민회는 습격되었다……이제 조선인민회를 습격한 자세한 전말을 보면……문을 걸고 전선을 차단한 후 민회의 중요 서류 및 기타를 압수하고 "일주일 안에 민회를 해산하라. 만약 듣지 않으면 최후의 수단을 취하겠다"고 위협한 것이 사실인바……[19]
>
> 『동아일보』 1927년 10월 25일자

기사에 따르면, 신민부 단원들은 하얼빈지역에서 활동하던 친일단체인 조선인민회를 급습하여 친일세력에게 조선인민회를 일주일 안에 해산시킬 것과 이를 어길 경우 최후의 수단을 강구할 것임을 강력하게 경고하였다. 이들 친일단체들은 김좌진을 매우 두려워하였다고 하는데, 그 때문에 친일단체에서 이탈 또는 한국으로 귀국하는 자도 있었다고 한다.[20]

한편, 직접적인 무장투쟁 활동은 아니지만 이와 관련하여 그가 한 일을 『동아일보』 1927년 9월 18일자 기사를 통해 확인해 볼 수 있다. 이 기사의

---

18) 조선총독부 경무국 도서관, 『諺文新聞差押記事輯錄』, 1932, p.103.
19) 이 신문기사에 따르면 조선인민회를 습격하는 과정에는 일본인도 포함되어 있었다고 하며, 이후 이들은 일제에 의해 체포되어 대련 지방법원에서 강도, 공무집행, 상해죄의 명목으로 처벌되었다고 한다.
20) 황민호, 「북만에서 쓰러진 항일무장투쟁의 거인」, p.392 참조.

주된 내용은 백야 김좌진이 신민부 군대의 무기를 제작하기 위해 '노농노국 (勞農勞國)'의 기사(技士)까지 채용하였다는 것이다.[21] 이를 통해 그가 무장투쟁을 잘 전개하기 위하여 무기에까지 세심한 신경을 썼다는 것을 알 수 있다.

넷째로 김좌진은 중국국민당(中國國民黨, 만주의 적을 제거, 중화 회복 등의 목적 아래 쑨원을 지도자로 하여 성립된 중국의 정당)과 연합하여 일제를 물리치고자 하였다. 동북군벌정권은 1925년에 조선총독부 경무국장 삼시궁송(三矢宮松, 미쓰야 미야마쓰)과 비밀협정, 즉 삼시협정(三矢協定)을 체결하여 독립군을 체포하는 만행을 자행했을 뿐만 아니라 재만동포를 탄압하고 있었다. 이러한 가운데 김좌진은 공통의 적인 일본군을 토벌하기 위하여 중국국민당과 1928년 5월에 비밀리에 연합을 시도하였다. 그는 병력이나 무기, 기타 여러 가지 측면에서 이들과 연합하는 것이 절대적으로 필요하다고 생각하였고, 중국국민당도 강한 항일의식을 가진 한국독립군과 연합하고자 하였다.

그러나 이들의 연합은 당시 일제와 관계를 맺고 있었던 동북군벌인 장작림의 방해로 인해 실패하고 만다. 즉, 중국 구국군(救國軍) 13군 총사령관인 양우일(楊宇一)과 협의하여 한중연합전선을 구축해 항일전쟁을 펼치고자 하였으나, 장작림이 사전에 이를 알고 국민당의 만주지역 책임자인 공패성(貢沛誠) 등을 체포해버린 것이다.[22] 당시는 장작림 군벌이 국민당을 몰아내고 북경을 차지하고 있었다. 때문에 그는 자신의 영토인 만주에서 일본군이 군사행동을 일으키는 것을 원치 않았다. 즉, 일본의 대동북아정책에 대하여 크게 염려하고 있었던 장작림은 일본군을 자극하지 않기 위해 김좌진과 국민당의 연합을 방해하였던 것이다.

다섯째로 김좌진은 북만주지역 한인사회의 안정을 위해 노력하였다. 이러한 노력은 주로 한인들의 사업과 교육을 활성화하는 방향에서 이루어졌던 것으로 보인다.

---

21) 『동아일보』 1927년 9월 18일자, 「勞農拔師 招聘 軍器製作說, 노농로국 기사초빙 군긔 제작설, 新民府의 新計說」.
22) 애국동지원호회, 『한국독립운동사』, p.325.

위의 내용은 신민부가 결성된 직후 김좌진과 신민부가 한 활동에 대해 알려준다. 신민부는 만주지역에서 군사활동을 강화한다는 방침 외에도 산업과 교육기관을 설치하고 자치제도를 실시하여 보다 안정적으로 한인사회를 운영하고자 했던 것으로 보인다. 김좌진과 신민부의 이러한 활동은 신민부가 단순한 항일무장투쟁 기관이 아니라, 한인사회의 안정을 위해 보다 다양한 활동을 전개하였던 민족진영의 대표적인 독립운동단체였음을 보여주는 것이라고 할 수 있다.

실제로 신민부에서는 한인 자제들의 교육문제 해결에 힘을 기울이고 있었는데, 우선 1927년 8월 1일에 해림에서 '북만한인교육대회'를 개최해 한인 자제들에게 독립정신을 교육하여 장래에 대비할 것을 결의하였으며, 이를 위해 주하·목릉·밀산·요하·돈화 등 15개 지역에 50여 개의 소학교를 설치하고자 했던 것으로 보인다.[23] 아래의 『동아일보』 기사는 신민부가 재만 한인 자제들의 교육을 위해 적극적으로 노력하였음을 보여주고 있다.

---

23) 국가보훈처, 『국외독립운동사적지 실태조사보고서』, 2001, p.181.

▲ 해림조선족소학교

신창학교를 본교로 하고 나머지는 지교로 하여 학교건물을 신축하고 지난 25일에
성대한 개교식을 하였다는데, 이로써 귀의(歸依)할 곳을 모르고 방황하던 동포
자제들도 배울 곳을 얻게 되었다더라.

『동아일보』 1927년 10월 31일자

위의 내용을 통해서 보면, 신민부에서는 북만주지역 한인 자제들에 대해
의무교육을 실시하는 한편, 1927년 10월 25일 북만주 해림에 6년제의 완전
한 시설을 갖춘 신창학교를 설립하였고, 각처에 지교를 두는 형태로 7세 이
상 14세 이하의 한인 자제들을 교육하고자 했던 것으로 보인다. 이는 신민부
의 교육활동이 북만주지역 전역에서 보다 조직적인 형태로 진행되었음을 보
여주는 것이라 하겠다.[24]

이상에서 살펴본 바와 같이 신민부에서도 김좌진은 다양한 활동을 하였
다. 그러나 신민부도 결국 1927년 12월 25일, 중동선(中東線) 석두하자(石頭河子)
에서 개최된 총회에서 '군정파'와 '민정파'로 양분되고 만다.[25] 분열은 동년 3
월에 중앙집행위원장 김혁과 유정근이 중동선 석두하자에서 일제에 체포되
어 서울로 압송되면서부터 시작되었다.[26]

이때부터 신민부는 중심을 잃게 되는데, 중앙집행위원장의 후임으로 김좌

24) 황민호, 『북만에서 쓰러진 항일무장투쟁의 거인』, pp.394~395.
25) 慶北警察部, 『高等警察要史』, pp. 121~122.
26) 『동아일보』 1927년 1월 28일자 및 2월 1일자.

▲ 김혁   ▲ 유정근

진이 취임하게 되면서 이전부터 알력관계에 있었던 두 계열은 분리되고 만다. 이렇게 분리된 두 파는 이후 각각 해체되어 서로의 길을 걸어가게 된다. 1928년 12월에 해체된 군정파는 한족총연합회의 중심세력이 되고, 1929년 3월에 해체된 민정파는 국민부에 참여하였다.

신민부는 안타깝게도 이와 같은 대립으로 인해 와해되지만, 당시 김좌진을 비롯하여 신민부가 한 활동과 노력들은 그 자체만으로도 큰 의미를 갖는다고 할 수 있을 것이다. 김좌진은 이러한 신민부 활동 이후 한족총연합회에서 항일운동을 계속 전개해 나가게 된다.

이번 절은 신민부 활동 당시 그의 모습을 엿볼 수 있게 하는 다음의 신문

▼ 석두하자 역

기사들로 정리하고자 한다. 우리는 아래의 두 기사 속에서 위에서 살펴본 신민부 시절 항일운동가로서 보여준 그의 모습 외에 다양한 김좌진의 모습을 발견해낼 수 있다. 당시에는 우리가 아는 항일운동가 김좌진 장군뿐 아니라, 형제 간의 우애가 깊고 부모를 향한 마음이 지극하며 인자하면서도 강직한 성품을 지녔던 인간 김좌진도 있었다.

김씨 친구인 홍순조(洪淳祚) 씨 담

김좌진 씨와 친교가 두터운 홍순조 씨를 찾아가니, 그는 대단히 비통한 어조로 다음과 같이 말하였다.

"을축년 늦은 봄에 내가 목단강에 있는 김좌진 씨의 아우 김동진 씨 집에 가서 있을 때 자주 만났습니다. 집안일을 전혀 돌아보지 않고 다만 자기의 주의를 위하여 밤낮을 가리지 않고 활동하였으나, 형제 간 우의가 지극하고 효성이 극진하여 항상 어머님의 슬하를 떠나 있는 것을 슬퍼하여 생신날 같은 때에는 밤에 잠을 이루지 못하고 걱정하였으니……그의 효성이 얼마나 큰 것이었나를 알 수 있습니다.

그의 사업은 처음에는 민족주의로 일을 하다가 수년 내로는 사회주의로 변하였으나, 공산주의에는 찬동치 아니하였습니다. 그 예를 들어 말을 하면, 을축년 겨울에 남북만주 청년동맹 총회가 목단강 건너 철령에서 열리었을 때에, 김좌진 씨의 부하가……공산당 김동녕(金東寧) 씨의 부하와 의견이 일치하지 못하여 서로 반목(反目)을 하였습니다. 그 당시의 세력은 신민부 김좌진 씨의 세력이 훨씬 나았으나, 김동녕의 부하가 무기를 가지고 대항할 기미가 보이므로 많은 사람의 목숨이 상할까 염려하여 흐지부지하고 만 일이 있었습니다. 그는 사람의 목숨을 지극히 존중히 여겨서 한 번은 어떤 청년 한 사람이 장총과 폭탄을 가지고 신민부의 내정을 탐사하러 온 것 같음으로 자기의 부하를 시켜 취조한 결과, 밀정 혐의가 농후하나 당장 죽이지 않고 그 부하 한 사람 집에 두고 감시하다가 일주일 후에 감화를 시켜 돌려보낸 것을 보면, 그의 마음이 얼마나 인자한지 알 수 있을 것입니다. 한마디 말이라도 경솔히 하는 일이 없고, 자기 계획에 대하여는 밤에 잠을 자지 않고 연구하며, 일을 손아래 사람에게도 의논하며,……처음에는 좋지 못한 감정을 가졌던 사람이라도 나중에는 감화되고 마는 일이 많은데, 이번에 피살되었다는 말은 정말……나는 그의 친구의 한 사람으로서, 또는 조선의 한 사람으로서도 울고 또 울기를 마지않습니다.

『조선일보』 1930년 2월 14일자

공과 사를 확연하게 구별하여 우애 깊은 동생도 잘못하면 엄벌해

청산리 사건 이후 김좌진은 남은 군사를 수습하여 길림성 해림 부근으로 근거지를 옮기고, 신민부를 조직하여 군사교육을 계속하는 한편으로 조선 안에 부하를 보내어 군자금을 모집하고……세상을 놀라게 한 일이 한두 번이 아니었으며, 김좌진 자신이 많은 부하를 거느리고 북경을 침입한다는 정보까지 있어서 평북경찰을 놀라게 한 일까지 있었다.

(중략)

그는 특히 공사의 구분이 확연하여 그의 군대에는 자기 친아우인 김동진이 있었는데, 사석에서 만날 때는 우애 깊고 인자한 형 노릇을 하나, 한 번 군대에서 군무를 집행하게 될 때에는 조금도 용서가 없어서 김동진에게 조그만 허물이 있어도 엄하게 벌을 주고, 영창구류까지 시킨 일이 여러 번 있었다 한다. 그러므로 그의 부하들은 그의 처사에 더욱 존경하여 복종하였다 하며, 그도 그의 아우를 대할 때나 그의 노모를 대할 때에 이 정신을 항상 설명하였으므로 70이 넘은 그의 모친도 사랑하는 아들 김동진이 벌 받는 것에 불만을 말하는 일이 없었다 한다.

『동아일보』 1930년 2월 17일자

3. 한족총연합회 활동

신민부는 군정파와 민정파로 양분된 이후 각자 자신들의 조직이 신민부라고 주장하며 활동하고 있었다. 이러한 때인 1928년 9월, 정의부는 길림 근방 신안둔에서 정의부 · 참의부 · 신민부의 통합회의를 갖자고 제의하였다.

이에 김좌진은 황학수(黃學秀)와 함께 군정파 대표로서 회의에 참가하였
다.[27] 그러나 김좌진은 신민부의 대표권 문제로 민정파와 갈등이 생기자, 그
와 의견을 같이 한 참의부 대표 김승학(金承學) 등과 함께 삼부통합회의에서
탈퇴하였다.[28] 그리고 그는 동년 12월에 신민부 군정파를 해체하고 길림에
서 참의부의 김승학계열과 함께 '혁신의회(革新議會)'를 조직하였다. 이와
함께 그는 '유일독립당재만책진회' 조직에도 적극 가담하여 중앙집행위원으
로 활동하였다.[29]

하지만 김좌진을 비롯한 신민부 군정파 출신들은 혁신의회와 유일독립당
재만책진회에서 자신들의 독립운동에 대한 이상을 실현할 수가 없었다. 왜
냐하면 이 두 단체는 좌우합작의 성격을 띠고 있었는데, 군정파는 여기에 가
담하고 있던 공산주의자들과 대립하고 있었기 때문이다. 이에 김좌진은 앞
으로의 운동 방향에 대해 고민하다가 1929년 3월에 길림에서 국민부가 조
직되었다는 소식을 듣고 자신들의 근거지였던 북만주지역으로 돌아가 재기
를 기약하게 된다.

이곳에서 김좌진은 앞으로의 활동 문제를 놓고 깊이 고민하게 되는데, 그
과정에서 그는 북만의 재만한인사회의 동태와 조선공산당 만주총국의 활동
을 주의 깊게 살펴보게 된다. 그 결과 그는 재만동포들이 공산주의사상에 공
명(共鳴)하기 시작했고 신민부로부터 민심이 이반하기 시작하였음을 느끼고
현재가 대단한 위기 상황이라고 판단하게 되었다.

이러한 상황에서 당시 중국에서 온 김좌진의 인척 동생 김종진(金宗鎭)과 이
붕해(李鵬海)·이종주 등이 해림지역의 소학교에서 재만조선무정부주의자연맹
을 조직하여 재만한인사회에 파고들고 있었다.[30] 그들은 직접적인 무장투

27) 채근식, 「삼부통일과 유일당문제」, 『무장독립운동비사』, p.147.
28) 채근식, 「삼부통일과 유일당문제」, p.148.
29) 慶北警察部, 「革新議會及民族唯一 黨在滿策進會 ノ組織」, 『高等警察要史 』, p.127.
30) 李乙奎, 『是也金宗鎭先生傳』, 1963, p.88.

▲ 해림역

쟁보다는 동포들의 교육, 사상계몽, 생활개선 등의 지도에 전력을 기울였다. 그들은 자신들도 농민임을 자처하면서 농민과 똑같이 노동하고 자력으로 생활을 영위하는 동시에 농민들의 생활개선과 사상계몽에 주력하고자 하였다. 그리고 재만동포가 경제적·문화적인 면에서 발전할 수 있도록 하기 위해 자치합작적 조직으로 동포들의 조직화에 노력하였다.[31] 그러나 이 단체는 북만주지역에 지지 기반이 없었기 때문에 이러한 시도들이 크게 성공을 거둘 수 없었다.[32] 이에 재만 조선무정부주의자연맹은 어려운 역경 속에서 진로를 정하지 못한 김좌진의 군정파와 협상을 시도하였다.

대종교적 민족주의를 지향하고 항일무장투쟁을 추진하고 있던 김좌진의 신민부 군정파와 무정부주의 이념을 지향하고 있던 재만조선무정부주의자연맹과의 협상은 물론 쉽지 않았다. 하지만 상대적으로 조선공산당 만주총국이 북만주지역에서 세력을 확대해 가고 있었기 때문에 그들과 대적하기 위한 전략전술의 면에서 타협이 가능하였다. 재만조선무정부 주의자연맹 측에서는 그들의 정치적 이념을 실현할 기반이 없다는 것이 큰 약점이었고, 신민부 군정파 측은 공산주의자와의 오랜 대결과 신민부 민정파와의 대립과 분열로 인한 세력의 약화, 그리고 재만한인사회의 이탈된 인심 등이 큰 약점이었다. 떠난 인심을 회복하여 재만한인사회의 기반 위에서 다시 독립운동을 전개하는 것이 가장 시급한 일이었던 김좌진의 입장에서는 공산주의와

---

31) 李乙奎, 『是也金宗鎭先生傳』, p.89.
32) 李乙奎, 『是也金宗鎭先生傳』, pp.87~89.

대결할 수 있는
이념과 방략이
현실적으로 필
요했다. 이러한
이유로 김좌진
은 이념의 차이
가 있었음에도
불구하고, 재만

▲ 이을규

▲ 김종진

조선무정부주의자연맹과 연합해 '한족총연합회'를 1929년 7월 해림의 산시
역전에서 새롭게 조직하였던 것이다. 여기서 김좌진은 주석으로서 권화산(權
華汕), 정신, 이을규(李乙奎), 김종진, 백정기, 이정규, 정현섭 등과 함께 활동하
였다.[33]

이렇게 한족총연합회를 조직한 김좌진은 동지들과 함께 우선 기존에 지니
고 있던 이념과 재만한인사회에 대한 방략 문제를 검토하고 정리하였다. 그
러한 과정에서 그는 무정부주의자인 유림(柳林)과 김종진 등의 도움으로 무정
부주의사상을 접하게 되었고, 그러면서 조직과 이념을 재정비한 후에 최종
적으로 재만동포들의 지지를 통한 무장투쟁노선으로 방향을 정하게 되었다.

이렇게 노선을 정한 그는 한족총연합회에서 다양한 활동을 펼치게 되는
데, 그 활동들을 구체적으로 살펴보면 다음과 같다.

첫 번째로 김좌진은 농촌자치조직을 결성하였다. 1920년대 후반 신민부
군정파가 관할한 북만주지역에 살고 있던 농민들의 경제 사정은 매우 열악
하였다. 그들은 빈손으로 이 지역으로 이주해 왔기 때문에 농사를 짓기 위해
서는 중국인 지주들에게 황폐한 땅을 비싼 사용료를 지불하고서라도 빌려
사용해야만 하였다. 그리고 황폐한 토지를 빌려 피땀 흘려 개간해 옥토로 만

---

33) 李乙奎, 『是也金宗鎭先生傳』, pp.91~93.

▲ 백정기　　▲ 이정규　　▲ 정현섭(정화암)　　▲ 유림

들어 놓으면 지주들은 그들에게 이전보다 몇 배나 더 비싼 소작료를 요구하였다. 그렇기 때문에 재만동포들의 경제 상황은 나아지지 못하고 계속해서 궁핍한 생활을 이어갈 수밖에 없었다.[34] 상황이 이러하였기 때문에 북만주 동포들에게 반일·반공 사상이나 민족정신 같은 것은 현실적인 관심의 대상이 되지 못하였다. 따라서 그들의 입장에서는 신민부 군정파와 같은 독립운동단체조차 자신들 위에 군림하는 관료주의적 조직에 불과할 뿐이었다. 그러므로 그들은 신민부 군정파의 지시에 응하려 하지 않고 우선 배척부터 하고 보는 습성이 강했다. 실제로 독립운동 자금이나 조직 운영비의 명목으로 갹출되는 많은 돈은 그들에게는 큰 부담이었던 것이다.

　이러한 상황에서 김좌진은 재만동포들의 경제적 상황을 개선시켜주기 위해, 또 그들로부터 인심을 회복하기 위해 김종진·이을규 등의 도움을 얻어 한족총연합회가 관할하던 지역에 농촌자치조직을 결성하고자 하였다.[35] 그리고 그들과 뜻을 같이 하는 재만조선반제동맹 등 여러 조직이 재만한인 사회에 강한 지지 기반을 가지고 있었다. 따라서 이들에 대응해 민심을 회복하기 위해서는 종래 신민부 조직 개편이 우선적으로 필요하였다. 왜냐하면 종래의 신민부 조직은 당시의 상황에서 볼 때 많은 취약점을 가지고 있었기 때문이다. 신민부 군정파의 조직은 위에서 임명된 조직, 특히 무장독립운동만의 성격을 띤 조직으로서 농민 스스로의 이해관계에서 이룩된 자발적인 조직이 아니었다. 그리고 그 구성원 중에 한 사람이라도 체포되는 경우 조직이

---

34) 鄭華岩, 「이 조국 어디로 갈 것인가」, 자유문고, 1982, p.122.
35) 李乙奎, 「是也金宗鎭先生傳」, pp.114~115.

▲ 산시일대

　이와 관련하여 한족연합회에서는 1929년 10월 농촌자치조직하에서 생활하고 있는 농민들의 이익과 편의를 위해 산시참(山市站)에 정미소를 설치하여 운영하였다. 당시에 한국인이 경영하는 정미소는 목릉현에서 황공삼이 경영하는 곳이 유일하였다. 그러므로 농민들은 중국 상인들에게 비싼 요금을 치르면서 그들에게 의지할 수밖에 없었다. 김좌진은 농민들의 이러한 불이익을 감소시켜 주기 위해 정미소를 설치하였던 것이다.[36] 아울러 그는 농촌자치조직을 통하여 공동판매, 공동구입, 경제적 상호 금고의 설치 계획 등을 시도하기도 하였다.[37] 이러한 한족총연합회의 노력과 시도들은 큰 성과를 거두어 이반되었던 민심이 조금씩 돌아서기 시작하였다.

　이와 같이 김좌진은 1920년대 후반의 민심 이반 등 여러 가지 조건들을 고려하여 그의 투쟁노선을 대중에 바탕을 둔 무장투쟁노선으로 현실화하였다. 이를 통해서만이 주민들의 생활을 안정시킬 수 있고, 이들의 생활이 안정되어야만 무장투쟁이 지속될 수 있었기 때문이다.

　두 번째로 김좌진은 교육활동을 전개하였다. 교육에 대한 그의 관심과 노력은 한족총연합회에서도 여전하였다. 한족총연합회는 신안 등 한인마을의

---

36) 李乙奎, 『是也金宗鎭先生傳』, pp.99~100.
37) 1985년 6월 27일에 가졌던 이강훈(李康勳)과의 대담에서 청취.

▲ 복원된 금성정미소의 모습

젊은 인재들에게 무정부주의 상호부조정신과 자주자치정신을 길러주고자 하였다. 그리고 소학교는 4년제로, 중학교는 3년제로 학제를 정하고, 학생 들에게 오전 또는 오후에 정상적인 수업을 받게 하는 한편, 농촌생활에 필요 한 기술도 직접 익히게 하였다. 학습시간에는 일반학과의 공부와 동시에 무 정부주의 이론도 함께 공부시켰다. 그리고 학습기간 중의 현실적인 경제문 제는 농촌에서 실습으로 자급자족하게 하였는데, 주목할 점은 이와 함께 군 사훈련도 병행하였다는 것이다. 물론 독립군을 양성하기 위한 목적으로 학 교를 설립하여 운영한 것은 아니었지만, 독립군을 길러내는 활동이 한족총 연합회에서도 이와 같이 이어졌다는 것을 확인할 수 있다. 김좌진은 성인들 에 대한 교육도 실시하여 그들에게 무정부주의 이념을 주입시키는 동시에 민족의식도 고취시켰다. 이와 함께 순회강연도 하였는데, 강연의 내용은 주 로 무정부주의 이념, 공산주의에 대한 비판, 독립정신의 고양과 함양, 국제 정세와 농촌생활 개선 등에 관한 것이었다.

세 번째로 김좌진은 무장독립운동을 전개하였다. 무장투쟁은 그의 활동에 서 항상 중심이 되었던 부분이었던 만큼 김좌진이 주축이 되어 적극 추진하 였다. 김좌진은 우선 일제 주구배(走狗輩)의 숙청에 힘을 기울였고, 이와 함께 공산주의세력을 숙청하는 일에도 힘썼다. 당시 그에게는 일본세력도 문제였 지만 공산주의세력도 큰 문제였던 것이다. 당시는 한족총연합회와 조선공산

▲ 산시마을 전경

당 만주총국이 재만한인을 둘러싸고 서로 대립 상태에 있었다. 한족총연합
회 진영은 공산당을 지칭하여 외세인 소련을 등에 업고 민족을 팔아먹는 매
국도당이며 민족반역자라고 지목하여 비난하였고, 공산당 측은 한족총연합
회가 중국국민당, 즉 동북군벌에 협력하는 국민부와 함께 군벌에 협조하고
일본제국주의에 협력하는 민족반역조직이라고 주장하면서 서로 격렬한 투
쟁을 전개하였다. 상황이 이러하였기 때문에 김좌진은 공산주의 진영과의
무장투쟁에도 힘을 쏟을 수밖에 없었던 것이다.

한족총연합회에서도 그는 이와 같이 다양한 활동을 끊임없이 전개해나갔
다. 그러나 청산리독립전쟁 이후 대한독립군단에서 신민부를 거쳐 한족총연
합회로 이어진 그의 여정은 안타깝게도 1930년 1월 24일, 조국 광복이라는
최종 목적지에 이르지 못한 채 종결되고 만다. 이날 그는 조선공산당 만주총
국 화요계 청년에게 '암살'당하였다.[38]

---

38) 『故金佐鎭先生略歷』(1930년 혜림 산시참에서 개최된 김좌진의 社會葬 때 낭독되었던 이력서, 독립기념관
소장).

▲ 신안마을

▲ 산시참

▼ 산시평야

▼ 산시마을

▲ 산시마을

▣ 한족총연합회의 강령과 사업정강

〈강령〉

1. 본회는 국가의 완전한 독립과 민족의 철저한 해방을 도모한다.

2. 본회는 민족의 생활 안정을 도모하고 동시에 혁명적 훈련의 철저를 기한다.

3. 본회는 혁명 민중조직 완성의 실현을 기한다.

〈사업정강〉

혁명

1. 파괴, 암살, 폭동 등 일체 폭력운동을 적극적으로 진행한다.

2. 일반민중을 혁명화하고, 혁명은 군사화할 것

3. 내외를 불문하고 합법운동과 기회주의자를 박멸할 것

4. 반민중적 정치운동이론을 철저히 배척할 것

5. 파벌을 청산하고 운동선을 완전히 통일할 것

6. 운동선 전국면에 우의단체와의 친선을 도모할 것

7. 세계사조와 보조를 동일히 할 것

8. 세계혁명자와 친선적 연락을 계획하고 상호운동의 정세를 선전할 것

산업

1. 주민의 유랑생활 방지

2. 토지공동 조득(租得) 장려

3. 공농제(共農制)의 적극적 실시

4. 산업에 대한 기능 보급

5. 부업 적극 장려

행정

1. 지방자치체 확립

2. 각 지방자치체와 상호 연락

3. 민중의 피치적(被治的) 노예적 습성 개선

4. 지도계급 전제 행동 방지

교육

1. 실생활에 적합한 교육정책 실시

2. 교육 자격 선택

3. 교과서와 학제 통일

4. 중등교육기관 적극 설치

5. 여성과 청년운동의 지도 장려

6. 비현대적 인습 타파

경제

1. 공동판매, 공동소비조합 설치의 적극 장려

2. 농촌식산금융조합 설립

3. 농민창고 설립

(『外務省警察史』 만주부 SP 205-4 12826-12830)

어떠한 국가건설을 꿈꾸었나? **8**장

북만주에서의 활동을 끝으로 김좌진의 길고 긴 항일운동은 막을 내렸다. 앞서 7장을 통해서도 확인할 수 있었지만, 북만주에서의 활동에는 특히나 역경이 많았다. 선택의 기로도 많았고, 결단을 내리고 과감하게 행동을 해야 할 때도 많았다. 그런 때마다 그를 움직이고 이끌었던 것은 무엇이었을까? 이번 장에서는 북만주에서 벌인 김좌진 장군의 운동들, 행적들에 있어 중심축이 된 그의 정치이념에 대해 살펴보고자 한다.

1. 대종교적 민족주의

김좌진 장군의 정치이념을 논하는 데 있어 가장 중요한 키워드는 '대종교'라고 할 수 있다. 당시 그가 활동했던 북만주지역과 대종교의 관계에 대해 간략하게 정리해보면 다음과 같다.

1910년대에는 북만주지역에 한인들이 그리 많지 않았지만, 1920년대에 이르러 동경성, 영안, 밀강, 영고탑, 밀산 등지에 한인촌이 형성되기 시작하였다. 이렇게 북만주지역에 한인촌이 다수 형성되자, 1922년 4월 대종교는 총본사를 북만주 영안현 남관으로 이동해 각처에 포교당을 설치하였다. 그리고 1922, 1923년 2년 동안에 48개 처에 시교당을 설립하고 포교활동에 전념한 결과 이 지역에는 대종교가 크게 번창하게 되었다. 즉, 김좌진이 신민부를 조직할 당시 북만주지역은 대종교 신도가 다수 거주하는 지역이었다.

북만주지역의 당시 분위기가 이러하였기 때문에 김좌진 장군의 정치이념은 대종교와 분리될 수 없었고, 실제로 그는 대종교에 바탕을 두고 독립운동을 전개하였다. 김좌진이 북만주지역에서 활동한 여러 단체들 중에서 대종교와 가장 밀접하게 연관되어 있던 단체는 단연 신민부였다. 김좌진을 비롯한 신민부 구성원의 대부분이 대종교인이었고, 이러한 사실이 북만주지역에 신민부가 설립되는 데 있어 적지 않은 영향을 주었기 때문이다. 이러한 점에

▼ 대종교 창시자 나철　▼ 2대 교주 김교헌　　　　▼ 3대 교주 윤세복

▲ 대종교총본사 (영고탑)(조준희 제공)

서 신민부의 정치이념을 살펴보는
것은 대종교를 바탕으로 한 김좌진
의 정치이념을 이해하는 데 있어
매우 중요하다고 할 수 있다. 이러
한 이유로 여기에서는 대종교를 중
심으로 한 신민부의 이념 및 활동
들을 통해 김좌진의 정치이념을 살
펴보려 한다.

▲ 대종교 3종사 묘역 (나철, 김교헌, 서일)

신민부에서 추구한 대종교 이념은 조선인의 민족정신, 단군을 중심으로
한 민족정신을 배양하여 이상국가인 배달국을 지상에 재건하는 것이었다.[1]
그렇다면 그들이 꿈꾼 이상국가인 배달국의 구체적인 모습은 어떠한 것이었
을까? 우선 단군의 자손을 구성원으로 하였음에는 틀림이 없을 것이다. 그
리고 영토의 범위는 한반도는 물론 신민부가 관할했던 북만주지역이 포함된
만주지역 전체로 삼았던 것으로 보인다. 김좌진 등 대종교적 민족주의자들
은 특히 북만주지역이 과거 발해가 있던 곳이라는 점에서 이 지역을 더욱 우
리의 영토로서 인식하였다. 이들의 이 같은 영토 관념은 이 지역에 거주하고
있던 동포들에게 정신적인 위안이 되었고, 이는 신민부가 동포들로부터 신
뢰를 얻는 계기가 되었다.

---

1) 대종교총본사, 『대종교중광60년사』, 동진출판사, 1971, pp.503~504.

한편, 신민부가 위치한 북만주지역에는 대종교인뿐 아니라 다수의 공산주의자들도 거주하고 있었다. 1917년 러시아혁명 이후 지속적으로 전파되어온 공산주의사상의 영향으로 1926년 5월에 화요파 중심의 조선공산당 만주총국이 북만주지역의 영안현에 설치되었다. 그리하여 재만한인사회와 민족주의 진영에 속하는 민족운동단체에도 공산주의사상이 이전보다 더욱 강하게 전파되었다. 특히 북만주지역은 지리적으로 소련과 직접 맞닿아 있었기 때문에 다른 지역보다 공산주의자들의 활동이 더욱 활발하였다.

당시 북만주지역에 병존하고 있던 김좌진 등 신민부의 대종교적 민족주의자들은 이 화요파 공산주의자들과 대결 양상을 보이게 된다. 그것은 일차적으로는 1921년에 있었던 자유시참변에 따른 것이 아닐까 한다. 또한 그것은 기본적인 성향의 차이에서 비롯되었다고 할 수 있는데, 대종교는 민족주의적 색채를 강하게 지니고 있었기 때문에 국제성을 강조하는 사회주의에 반대하였다. 김좌진의 화요회계 공산주의자들에 대한 증오심은 러시아에서 돌아온 김좌진이 북만주 밀산에서 공산주의를 배척하기 위하여 1922년 4월 통일당을 조직한 것에서도 짐작해볼 수 있다. 그는 서일이 사망한 이후(1921년 8월) 북로군정서 세력을 만회하기 위해 북경을 경유하여 상해로 가서 통일당을 결성하고 밀산으로 돌아왔던 것이다. 그가 조직한 통일당의 당헌과 당강(1922년 4월 6일) 등을 살펴보면 다음과 같다.

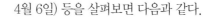

〈당헌〉

제1조 본 당은 통일당이라고 명명한다.

제2조 본 당은 세계 개조의 벽두에 서서 인본주의적 신문화를 세계에 건설하고 인류의 이상적 신생활을 실현하는 것을 주지(主旨)로 한다.

▲ 박두희

제3조 당원은 본 당의 당강에 절대 찬동하는 고상순결(高尙純潔)한 20세 이상의 남녀로 한다.

제4조 본 당은 본부를 조선 경성에 두고 다만 임시로 상해에 둔다.[2]

〈당강〉

1. 국민의 마음과 힘을 통일하여 조국광복의 신시대의 이상에 기초한 신국가를 건설함에 있다.

2. 인본주의(민본주의)의 창명(創明)으로부터 구태의연한 옛 사회(舊陸地 舊國社會)를 새로운 땅의 신사회(新陸地 新社會)로 개조해서 조선의 신문화를 세계에 건설함에 있다.

3. 전 인류의 자유평등을 위해 강권을 배척하고, 세계에 대동사회(중국 전국시대에서 한나라 초 사이에 유가학파들이 주장한, 일종의 이상사회)를 실현함에 있다.

4. 산업과 교육의 새로운 시설을 도모해서 인류의 공동생활의 행복을 증진함에 있다.

위의 당강과 당헌의 내용을 통해서 우리는 김좌진이 공산주의를 배격하고 개조사상에 입각하여 새로운 사회를 건설하고자 하였다는 것을 알 수 있다. 그가 생각한 그 새로운 사회가 바로 대종교적 민족주의에 기반한 사회가 아니었을까 한다.

김좌진은 분명 이와 같이 공산주의에 강한 적대감을 지니고 있었다. 하지만 그렇다고 그가 모든 공산주의세력과 대결 양상을 보였던 것은 아니다. 그러한 예는 많은 곳에서 발견된다. 먼저 김좌진은 1925년 초에 서울청년회 (1921년 민족주의 계열의 이득년 · 장덕수 등과 사회주의 계열의 김사국 · 이영 등이 중심이 되어 창립한 단체) 계열과 합작하여 공산주의자동맹을 결성하였다.[3] 그리고 1925년 11월에는 북만노력청년총동맹의 결성에도 협력하였다. 1927년에는 김좌진의 부관이

2) 『불령단관계잡건 조선인부』, 재만주 33, 「1922년 7월 8일 김좌진의 통일당 편성」.
3) 신주백, 『만주한인민족운동사』, 아세아문화사, 1999, p.61.

▲ 대종교 총본사(동경성)

자 보안사령관이었던 박두희도 최창익(崔昌益)과 접촉하면서 소련과 연계하여 매년 20~30명의 좌우 청년들을 소련사관학교에 보내 양성하려는 계획을 가지고 동년 하반기에 직접 소련으로 들어갔다.

또한 1928년부터 민족유일당 시기에도 김좌진 등 군정파들은 공산주의 계열 ML파(마르크스-레닌주의파의 준말로, 조선공산주의운동의 일파이다)와 그 외곽단체인 남만 농민동맹과 연계를 맺고 있었다. 1925년 4월 1일 창간된 신민부 기관지 『신민보』의 주필을 서울청년회의 최창익이 담당하였다는 사실, 그리고 1925년 8월 1일에 간행된 『신민보』 11호의 「생활운동과 경제투쟁」에서 우리들의 생활을 지배하는 경제조직을 개혁하자고 주장하고 경제투쟁은 무산자의 계급적 단결로서 최후의 승리를 이루어야 한다고 강조하였다는 사실은 김좌진을 비롯한 신민부가 공산주의에 무조건적인 적대감을 보인 것은 아니라는 사실을 확인시켜 준다.[4]

이를 통해 볼 때 김좌진은 자신과 직접 이해 관계가 있는 화요파 만주총국 등에는 분명하게 반대 의사를 나타냈지만, 그 외의 공산주의세력에 대해서

---

4) 『불령단관계잡건』조선인부, 신문잡지 5, 1925년 9월 2일, 「불온신문 신민보의 기사에 관한 건」.

는 탄력성 있는 유연한 태도를 취했던 것으로 보인다. 그리고 바로 이러한 점이 김좌진이 1929년 무정부주의사상을 수용하여 한족총연합회를 조직할 수 있었던 배경이 된 것이 아닌가 한다.

결론적으로 이번 절을 통해 김좌진 장군의 정치이념이 신민부의 기본 이념이었던 '대종교적 민족주의'에 바탕을 두고 있었고, 그러한 정치이념을 무조건적으로 고집한 것이 아니라 민족을 위해 상황에 따라 유동적으로 반영하였다는 것을 알 수 있다.

2. 대종교적 공화주의

결론부터 말하면 김좌진은 앞에서 살펴본 대종교적 민족주의와 함께 공화주의를 추구하였다.[5] 이는 신민부가 공화주의를 정체(政體)로서 채택하고 있던 대한민국 임시정부의 연호인 '민국'을 연호로 사용하고 있었다는 점에서도 알 수 있다. 즉, 주권은 국민에게 있다는 사상을 견지하고 있었던 것이다. 김좌진이 추구한 공화주의는 앞에서 살펴본 민족주의와 마찬가지로 대종교에 기본을 둔 공화주의였으므로 '대종교적 공화주의'라고 할 수 있다. 김좌진은 이를 바탕으로 위원제도와 당제도 등을 실현하였는데, 그 구체적인 모습을 살펴보면 다음과 같다.

우선 위원제를 살펴보자. 중앙집행위원회는 신민부의 최고기관으로서 여기에는 군사, 교육, 선전, 법무, 실업, 민사, 외교, 교통 등을 담당하는 여러 부서가 있었고 각 부에는 위원장과 위원을 두어 사무를 처리하였다. 이러한 위원제의 채택은 구의회, 지방의회, 중앙의회 등을 통해 오로지 민의에 의해서 모든 일을 결정하고자 하는 바람에서 비롯된 것이라고 할 수 있다. 신민부의 이러한 위원제는 당시 남만주지역에 있던 정의부와 참의부에서도 거의

---

5) 국사편찬위원회, 『한국독립운동사』4, p.760.

▲ 대종교 총본사가 있던 발해 상경용천부　　▲ 영안현의 발해진 벌판

똑같이 시행되고 있었다.[6]

　다음으로 당제도를 살펴보자. 김좌진은 1926년 9월에 한국귀일당을 조직하여 정당 활동을 통한 신민부의 운영을 지향하였다. 귀일당은 본부를 영안현 영고탑에 두었고 당원이 천 명이나 되었다. 주요 간부는 김좌진, 정신, 유현 등으로 이들 구성원의 대부분은 대종교인이었다. 한국귀일당은 대종교적 민족주의자들을 주요 구성원으로 하고 대종교적 민족주의를 이념으로 표방하는 이념정당이었던 것이다.

　이렇게 살펴본 위원제와 당제도는 김좌진 등 신민부의 대종교적 민족주의자들에 의해 실현되었다는 점에서 주목할 만한 것이다. 왜냐하면 이것은 이전에 대종교인이 중심이 되어 조직되었던 중광단, 정의단, 흥업단, 북로군정서 등에서는 전혀 찾아볼 수 없는 양상이기 때문이다. 그렇다면 이전까지는 수용하지 않았던 이 제도들을 대종교적 민족주의자들이 이때에 비로소 실현하게 되었던 것은 어떠한 이유에서였을까? 이에 대한 정확한 답은 내릴 수 없지만, 그것은 아마도 1926년 조선공산당 만주총국 설치를 전후한 시기의 공산주의사상의 침투에 효과적으로 대응하기 위해서가 아니었을까 한다. 아울러 이 제도들이 외국인 만주지역에서 독립운동을 전개함에 있어 재만동포의 의사를 최대한 수용할 수 있었던 방법이기도 했기 때문이었을 것이다.

6) 국사편찬위원회, 『한국독립운동사』4, p.757.

▲ 밀산   ▲ 밀산 흥개호

　여기서 우선 1절과 2절을 정리해 보면 김좌진의 정치이념은 대종교적 민족주의와 대종교적 공화주의였다고 할 수 있으며, 이러한 그의 이념은 북로군정서 시절부터 계속 이어져온 것이라고 할 수 있다.

3. 대종교적 무정부주의사회의 추구

무정부주의사상의 수용 배경

　　　　　1925년 일제와 중국 동삼성(東三省) 봉건 군벌 사이에 삼시협정이 체결되었다. 이 협정으로 대종교인들은 큰 시련을 겪게 된다. 여기에서 대종교에 대한 포교금지령이 내려졌기 때문이다. 1926년

▼ 영안 농촌평야

장작림은 다시 삼시협정의 부대 조항에 의거해 대종교도들을 체포하고 그들의 재산까지 수탈하는 등 가혹한 탄압을 가하였다. 대종교가 불법단체, 위험스러운 단체로 규정되고만 것이다. 이는 대종교가 북만주로 총본사를 이전한 후 겪게 된 가장 큰 위기였다. 그리고 결국 이로 인해 1928년 1월 영안 해림참에서 개최된 제6회 대종교 교의회에서 포교금지 해제가 있을 때까지 당분간 총본사를 밀산 당벽진으로 이동하여 교리, 내부 행정 등을 정비하는 시간을 갖기로 하였다.

이러한 분위기로 인해 김좌진이 이념으로 삼고 있던 대종교의 세력은 급격히 약화되어 갔고, 상대적으로 공산주의사상은 점차 널리 퍼지기 시작하였다. 그리고 이러한 가운데 설상가상으로 김좌진의 신민부 군정파에 대한 주민들의 이탈 현상이 나타났다. 이러한 현상이 발생되게 된 데에는 다음과 같은 이유들이 있었다.

군정파는 적을 토벌하고 적의 기관을 파괴하는 것을 사명으로 삼고 있었고, 실제로 친일한국인의 암살 및 국내 진입을 위한 예비 공작 등을 수행하였다. 따라서 그들의 활동에는 언제나 위험이 따르기 마련이었는데, 그 위험은 군정파뿐 아니라 그들이 관할하던 지역의 농민들도 감수해야만 하는 것이었다. 그들을 잡기 위해 일제가 이 지역으로 들이닥칠 경우 지역동포들도 큰 피해를 겪게 되기 때문이다. 뿐만 아니라, 군정파들이 예비 공작을 수행하는 데 있어서도 지역동포들의 도움과 희생이 따랐기 때문에 여러 가지 면에서 필연적으로 지역동포들의 희생이 수반되었다. 물론 농민들도 처음에는 강한 항일의식하에 그들의 활동을 적극적으로 도우며 희생을 감수하였다. 그러나 일제의 탄압이 날이 갈수록 심해지고 극심한 가난에 시달리게 되자, 농민들은 조금씩 그들의 활동을 지원하거나 희생을 감수하는 것에 버거움을 느끼게 되었다. 신민부가 통치하고 있던 지역의 대다수의 농민들은 우선적으로 군정파들이 자신들에게 안식처를 제공해 주고 생활을 보장해 주기를

▲ 목릉현 마을

바라게 되었던 것이다. 이러한 이유로 신민부의 활동은 큰 차질을 빚게 되고, 주민들이 그들의 통제에 잘 따르지 않는 상황이 발생되게 된 것이다.

신민부에 대한 주민들의 이탈의 배경에는 기본적으로 이와 같이 열악해진 상황과 주민들의 항일민족의식 부족이 있었지만, 무엇보다도 가장 큰 이유는 바로 대부분의 농민들이 무장한 대원들에게 위협을 느꼈다는 데 있었다. 문제는 일부 군정파원들의 잘못된 행동에서 비롯되었다. 군정파원들 중에는 농민들을 위하기보다는 자신이 무슨 권력이나 쥔 것처럼 위세를 부리며 농민들을 괴롭히는 이들도 있었던 것이다.[7] 급기야 농민을 사살한 군정파원도 있었다. 그 대표적인 인물이 군정파의 중심인물로서 김좌진의 총애를 받았던 이백호(李白虎)였다.[8] 이러한 몇몇 사건들로 인해 농민들은 자연히 군정파에서 멀어져 갔고, 성난 일부 농민들은 군정파를 이끌었던 김좌진을 '마왕·폭군'이라고까지 지칭하게 되었다.[9] 농민들이 신민부의 군정파로부터 돌아서게 된 또 한 가지 중요한 이유는 군정파가 재만동포에 의해 자발적으로 조직된 것이 아니라 독립운동가들이 조직한 항일 단체라는 인식 때문이었다. 이로 인해 군정파는 약간의 강제성을 띨 수밖에 없었고, 농민들은 그들이 하는 활동들에 약간의 위압감을 느끼게 되었다고 할 수 있다. 신민부 군정파원

7) 『是也金宗鎭先生傳』, p.80.
8) 1985년 3월 17일에 가졌던 이강훈(李康勳)과의 대담에서 청취.
9) 『是也金宗鎭先生傳』, p.80.

들은 체계적인 통제 없이 일단 그 지역에 거주하고 있는 동포들을 모두 자기 기관에 속하게 하였다.[10] 그리고 의무금을 징수하는 한편, 군구제와 징병제·둔전제 등을 실시하였다. 그랬기 때문에 일반 동포들은 표면적으로는 독립운동단체라고 존경하는 척하면서도 내면으로는 내심 위압감과 공포심을 느꼈다. 즉, 농민들은 신민부를 권력 조직으로, 그들 위에 군림하는 관청 정도로 인식하게 되었던 것이다.[11] 이러한 이유로 인해 신민부가 펼친 교육·산업·선전 및 군자금 모집 등의 여러 정책들은 그들이 생각한 것만큼의 효과를 거두지 못하였다.

이러한 분위기 속에서 신민부의 통치 구역 가운데 신민부에 반대하는 지역까지 생겨나게 되었다. 목릉현이 그 대표적인 경우인데 이 지역은 이전부터 독립운동가들의 내왕이 빈번하였던 곳으로, 안중근의 유족과 대한국민회의 회장이었던 구춘선(具春先) 등 수많은 지사들이 정착 혹은 거쳐 간 곳이었다. 또 그들의 가족들도 많이 정착하고 있어 다른 지역에 비해 항일 의식이 매우 강했던 곳이었다. 이랬던 목릉현이 신민부에 반대 깃발을 내건 것이다. 여기에는 위에서 살펴본 여러 이유들이 작용을 하였다고 할 수 있는데, 목릉현의 지도자였던 황공삼의 다음과 같은 발언이 그것을 뒷받침해주고 있다. 황공삼은 "남북만주에 솥발의 형세로 설치되어 있는 3부(정의부·참의부·신민부)가 마치 기성국가에서 치자계급이 피치자에게 대하는 태도처럼 행동하는 작풍을 지양하고 모두 민중 속에 들어가서 같이 호흡하고 고락을 하는 작풍을 만들라"[12] 라고 하였다.

정리해 보면, 재만동포들은 위와 같은 이유들로 인해 신민부 군정파에 비판적인 상태에 있었기 때문에 상대적으로 공산주의에 더욱 공감하기 시작하였던 것이다. 사태가 이와 같이 심각해지자 신민부 군정파의 지도자였던 김

---

10) 李康勳, 『抗日獨立運動史』, 1985, p.116.
11) 『是也金宗鎭先生傳』, p.80.
12) 李康勳, 『抗日獨立運動史』, pp.72~73.

좌진은 정신 등과 함께 공산주의자들의 침투에 효과적으로 대처해나갈 방법을 모색해야만 했고, 이때 김좌진이 내린 결론이 무정부주의사상을 수용하는 것이었다. 즉, 김좌진은 신민부로부터 돌아선 재만동포들의 민심을 돌리고, 공산주의자들의 침투에 대항하기 위해 재만조선무정부주의자연맹과 연합하게 되면서 무정부주의 이념을 수용하게 되었던 것이다.

김좌진을 비롯한 신민부 군정파에 무정부주의사상을 소개한 사람은 그의 족제(族弟)인 김종진과 유림이었다.[13] 처음에 김좌진은 무정부주의사상을 수용하여 신민부를 개편하는 데 매우 신중한 자세를 보였다. 김좌진은 우리 민족이 잘 사는 것이 궁극적인 목적이었기 때문에 그 목적을 이루기 위해서는 우리의 특수한 처지에 맞게 이론을 세우는 것이 중요하다고 생각하였다. 따라서 무조건적으로 남의 이론을 수용하여서는 안 된다고 인식해 그 문제에 있어 신중한 자세를 취했던 것이다. 아울러 김좌진은 새로운 사상을 수용하는 것이 대중에게 미치는 영향이 크고, 당시가 단결과 협동이 시급히 요청되는 때였다는 점에서 이를 더욱 신중히 다루어야 할 문제라고 생각하였다.[14]

대종교적 무정부주의 국가의 건설

김좌진은 신민부 간부 16명과 함께 1929년 7월 21일 동지연선(東支沿線) 석두하자(石頭河子)에서 북만인민대표대회를 개최하고, 종래 혁신의회를 해체한 후 새로 한족총연합회의 조직을 결의하였다.[15] 김좌진이 조직한 한족총연합회는 동년 8월에 선언 · 강령 · 사업정강 등을 발표하였는데, 한족총연합회에서는 선언문에서 "과거에 연출된 만악의 원인과 복잡한 제 현상을 청산 · 배제하고 우리 민중의 생활 향상과

---

13) 『是也金宗鎭先生傳』, pp.77~78.
14) 『是也金宗鎭先生傳』, pp.86~87.
15) 『外務省警察史』 만주부, SP 205-4, 1286 26.

▲ 석두하자의 신민부 본부가 있었다고 알려진 건물(추정)

혁명전선의 진전을 도모하는 자주자치적 생활조직을 기초로 해서 전 민중적
으로 연합조직을 완성해야 한다"고 하며 권력의 중앙 집중을 부정하고 자주적
조직의 연합체를 추구하는 아나키즘 사회를 지향하였다.

　이렇게 결성된 한족총연합회에서 김좌진은 무정부주의 이념을 추구하였
다. 그는 상호부조와 자유연합이라는 무정부주의사회의 조직 원리를 기반으
로 한족총연합회를 구성하고자 하였다. 그러나 김좌진은 무정부주의사상을
수용한 이때도 공산주의에 대해서는 여전히 반대 입장을 취하였다. 그에게
공산주의는 강권적 · 노예적이며, 사대주의적인 독재사상으로 여겨졌던 것
이다. 아울러 그는 대종교인으로 민족주의를 중요시하였기 때문에 국제성을
강조하는 사회주의에도 역시 반대하였다.

　결과적으로 김좌진은 독립운동과 반공운동을 효과적으로 전개하기 위해
무정부주의사회를 건설하고자 하였고, 이를 위하여 다음과 같은 다양한 활
동들을 하였다. 우선 농촌 자치조직으로 농무협회를 만들고자 하였다. 이 조
직은 농민들이 자신들의 필요에 의하여 자신들 스스로가 상호 단결해 조직
한 자발적인 것이었다.[16] 아울러 김좌진은 효과적인 무장투쟁을 전개하기
위하여 군자금의 모집과 독립군 양성을 위한 계획도 수립하였다. 군자금 모

---

16) 堀內 稔, 「韓族總連合會について」, 『조선민족운동족 운동사연구』9, 청구문고, 1993, pp.51~54.

▲ 대종교 표시의 연자방아(산시 소재)

집은 농촌자치조직을 통하여, 또는 국내에서의 군자금 모집에 의존하고자 하였다. 그리고 재만동포들에 대한 군사훈련과 단기 군사훈련반을 통해 독립군을 양성하고자 하였다. 한족총연합회에서는 이들을 바탕으로 하여 일제와 공산주의자들의 퇴치에 노력하였다.

이번 장을 정리하면서 우리는 다음과 같은 의문을 품어 볼 수 있다. 김좌진은 대종교적 민족주의자인가 아니면 무정부주의자인가? 김좌진은 양반 출신으로 강한 민족의식을 지니고 있던 인물이었다. 그러나 그가 가지고 있던 기존의 대종교적 민족주의와 공화주의로는 당시의 시대적 흐름에 적극적으로 대처할 수가 없었다. 1920년대 전반기까지만 해도 대종교라는 끈으로 묶여질 수 있었던 재만동포들이 1920년대 중후반에 가서는 미래에 비전을 제시하는 이념으로서만 결속될 수 있었던 것이다. 이에 김좌진은 민족적 입장에서 무정부주의사상을 수용했고, 양반 중심이 아닌 재만동포들을 위한 민족주의를 추구하였던 것 같다. 필자는 그의 이념이 대종교적 민족주의에서 대종교적 무정부주의로 변화하였다고 생각한다. 한마디로 그가 추구한 대종교적 무정부주의는 단군을 정점으로 한 배달국을 건설하되, 그 내용은 권력자가 군림하는 사회가 아니라 동포들의 자치에 바탕을 둔 민주적인 이상국가였던 것이다.

김좌진 장군 '암살'의 진실은? **9**장

이번 장에서 다루려고 하는 것은 지금까지도 의견이 분분한 그의 죽음이다. 먼저 김좌진 장군을 암살한 범인이 누구인지를 알아볼 텐데, 이는 대표적으로 제기되고 있는 설과 그것을 뒷받침하고 있는 자료들을 중심으로 하여 살펴보겠다. 다음으로는 이렇게 김좌진 장군을 암살한 범인 뒤에 숨어 있는 배경을 찾아보고자 한다. 그의 죽음은 단순히 한 사람의 도발적인 행동으로 인해 발생된 것이 아니라, 보이지 않는 거대한 손에 의해 일어난 비극으로 추정되고 있기 때문이다. 마지막으로 그의 죽음을 객관적이지만 사실적으로 바라볼 수 있게 하는 당시 신문기사들을 살펴보고자 한다. 그중에서 『조선일보』 김연파 기자의 르포 「백야 조문 가는 길에」는 김좌진 장군의 죽음뿐 아니라, 당시 산시지역의 분위기 등 그의 죽음과 관련된 다양한 사실들을 엿볼 수 있게 하는 자료로서 주목된다. 당시 신문들 속에 담긴 김좌진 장군의 죽음을 들여다보는 일은 우리가 그의 죽음을 둘러싼 뿌연 안개를 걷고 진실을 향해 한걸음 더 다가가는 데 큰 도움이 될 것이다.

1. 누가 김좌진 장군을 죽였는가?

김좌진 장군을 죽인 범인에 대해서는 그가 서거한 지 80년이 지난 오늘날까지도 의견이 분분하다. 그를 죽인 인물을 둘러싼 여러 논의들을 나누어 정리하여 보면 다음과 같다.

▲ 김좌진이 순국한 금성정미소 옛터

**김좌진을 암살한 사람은 고려공산청년회의 일원이며
재중한인청년동맹원이었던 '박상실'이다**

사회장으로 거행된 김좌진 장군의 5일장에서 낭독되었던 「고김좌진동지의 약력」(붓으로 쓴 원본)에는 "41세에 한족총연합회의 주석이 되었다가 음 12월 25일 하오 2시에 중동로 산시참 자택 앞에서 우해(遇害)하니 그 악한은 고려공산청년회의 일원이며 재중한인청년동맹원 박상실이러라"라고 되어 있다.

위의 내용에 따르면, 김좌진은 조선공산당 만주총국 내의 공산당 조직체였던 고려공산청년회의 일원인 동시에 재중한인청년동맹원이었던 박상실이란 인물에게 암살되었다. 그러나 「고김좌진동지의 약력」에 기록된 내용만으로는 박상실이 암살자의 실명인지의 여부와 암살 당시의 정황, 그리고 암살 배경 등 구체적인 사실은 확인할 수가 없다.

김좌진 암살의 하수인은 박상실이며, 배후 지시자는 김봉환(별칭 김일성)이다

평소 김좌진의 측근으로 활동하다가 출장 중 그가 암살되었다는 소식을 듣고 즉시 현장으로 달려와 비교적 당시 사정을 잘 알고 있던 인물인 이강훈(전 광복회 회장)의 진술을 살펴보자.

그가 저술한 『한국독립운동대사전』, 「김좌진」란에는 그의 죽음과 관련하여 "1930년 1월 24일(구력 기사 12월 25일) 중동선 산시참(통칭 빨리감) 정미소에서 일제 무리와 합작한 흉한에게 저격을 받아 서거하였다. 하수인은 박상실이며 배후 지시자는 김봉환(金奉煥, 별칭 김일성)이다. 김봉환은 하얼빈 영사관 경찰의 사의에 보답하기 위해 대죄를 범한 것이다"[2] 라고 쓰여 있다.

▲ 이강훈

위의 진술은 앞의 「고김좌진동지의 약력」에 비해 구체적이다. 이강훈은 김좌진이 '일제와 합작한' 인물에 의해 암살당하였다고 보고 있다. 즉, 일제의 개입을 언급하고 있는 것이다. 이 점은 그의 죽음과 관련하여 매우 주목되는 부분이라 하겠다. 아울러 암살자의 배후자로서 '김봉환'을 언급하고 있다는 점 역시 기존에 제기된 바 없었던 새로운 사실이다.

---

1) 이번 장은 박영석의 「백야 김좌진연구」를 주로 참조하였다.
2) 李康勳, 『韓國獨立運動大事典』, 도서출판 동아, 1985, pp.285~286.

김좌진을 암살한 박상실은
이복림(일명 공도진)이다

        1993년 7월 4일과 5일 양일간에 흑룡강성 영안현 해림에서 요령성 신빈현과 중국조선민족사연구소가 공동으로 개최한 '김좌진학술연토회'에서 발표된 글들 중 주목할 만한 것이 있다. 그것은 바로 연변사회과학원 역사연구소 연구원인 강용권의 연구성과다. 여기에서 강용권은 당시 김좌진 장군을 암살하였다고 지목되고 있는 이복림(일명 공도진)과 중국공산당 활동을 같이하였다는 양환준을 만나 대담한 내용을 보고하였는데, 이를 요약해 보면 다음과 같다.[3]

문(강용권) : 김좌진은 어느 조직에서 암살하였습니까?

답(양환준) : 조선공산당 만주총국(화요계)에서 사람을 파견하여 암살했습니다.

문 : 총을 쏜 사람은 누구입니까?

답 : 공도진입니다. 공도진은 화룡구 서성동 명암촌에서 나와 함께 자란 친구였으니 잘 아는 사이입니다. 공도진이 김좌진을 암살했습니다.

문 : 공도진이 김좌진을 암살했다는 것을 양환준 선생은 어디서 들었습니까?

답 : 이 문제를 알려면 그 당시에 내가 뭘했는가부터 말해야겠습니다. 나는 1929년에 고려공산청년회 동만주 선전부장으로 활동하다가 1930년 초에 만주총국의 부름을 받고 흑룡강성 아성현 소해구에 갔습니다. 총국에서는 나에게 고려공산청년회 만주총국 선전부장의 중책을 맡겼습니다. 당시 조선공산당 만주총국의 부서를 보면, 책임비서 김백파(원명은 김병묵), 조직부장 강화린, 군사부장 최석천(최용건), 위원 이계동, 김성(김책의 형) 등이었습니다. 내가 고려공산청년회 만주총국 선전부장을 맡았으므로 그 후부터 많은 일을 알게 되었고 많은 일에 참여하였습니다. 김좌진한테 총을 쏜 사람이 공도진이라는 것을 두 곳에서 들었습니다.

---

3) 「양환준선생방문록」(강용권발표).

하나는 조선공산당 만주총국 책임비서인 김백파한테서 들었는데 그는 "공도진은 내가 파견하여 김좌진을 암살하게 하였다"고 말하였고, 다른 하나는 1931년 초에 내가 공도진을 만났는데 그가 직접 말한 것입니다. 공도진이 말하기를 "총국에서 나에게 특수임무를 주었기에 나는 김좌진이 꾸리는 정미소에 근 1년간 잠복해서 일만하는 사람으로 알게 했다. 1929년 음력 설 밑의 어느 날 신민부 고관들이 화의를 하고 휴식하다가 정미소로 시찰하러 온 기회에 김좌진을 명중하고 도망쳐 나왔다"고 말하였습니다. 이러고 보면 김백파의 말과 공도진의 말이 다 일치합니다.

문 : 공도진은 어떤 가명을 가지고 있었습니까?

답 : 최동범, 이복림이란 이름을 썼습니다.

문 : 김좌진을 암살하게 된 주요 근거는 무엇입니까?

답 : 책임비서였던 김백파는 나에게 "내신 정보에 의하면 김좌진은 일제와 결탁한 주구이다. 김좌진은 하얼빈 ○○일본여관에서 조선총독부 만주파견원 마쯔시마와 밀담하였다. 마쯔시마가 '돈은 근심 말라. 독립군에 관한 정보보다도 공산당에 관한 정보가 퍽 주요하다. 조직의 명칭과 부서 조직들 간의 합작관계 등을 제공해 달라'고 했는데, 김좌진은 이 요구를 접수하고 활동경비를 받아 그 돈으로 산시에 정미소를 꾸렸다"고 했습니다. 그러니까 일본놈의 주구라는 것입니다.

또 하나의 근거라면 지혜겸 선생(같이 공산당을 했고 조국이 광복된 후에 연변대학 역사과 주임교수가 됨)이 말씀하기를 "김좌진이 마쯔시마와 밀담한 후 목단강으로부터 횡도하자에 이르는 철도선 내에서 여객열차 안에 신민부 경비대원을 파견하여 많은 공산당원들을 잡아다 죽였다는 죄입니다. 한번은 금방 조선에서 망명해 들어오는 사람을 붙잡아 내리고 공산당 혐의 분자라고 때리다가 공산당이 아니라는 것이 판명되자 돈 500원을 내면 놓아준다고 했답니다. 그의 가족이 급히 조선으로 되돌아나가 안달복달 500원을 구해가지고 돌아와 보니 사람은 벌써 죽은 뒤였습니다"라고 하였습니다. 왜놈의 주구에다 공산당을 보기만 하면 잡아 죽이니 공산당에서 이 장애를 그냥 둘 수 있겠습니까? 1980년도에 지혜겸 선생이 나와 이야기할 때 "김좌진이 중동선에서 공산당을 많이 죽였으니 만약 화요파에서 죽이지 않았더라면 우리 ML파에서 죽였을 것이다"라고 말하였습니다.

위의 문답을 정리하자면, 김좌진이 일본과 야합하여 공산당원들을 많이 죽였기 때문에 조선공산당 화요파에서 이복림을 파견해 그를 암살하였다는 것이다. 구체적으로 이 문답 속에서 보여지는 화요파가 김좌진을 암살하게 된 이유들을 정리해 보면 다음과 같다. 첫째는 김좌진이 하얼빈 영사관의 마쯔시마와 내통한 일제의 주구라는 것, 둘째는 김좌진이 일제에게 공산당의 정보를 제공하였다는 것, 셋째는 하얼빈 영사관의 돈으로 산시에 금성정미소를 설치하였다는 것, 넷째는 김좌진이 이끄는 신민부의 경비원들이 중동철도(하얼빈-블라디보스토크) 내에서 공산당을 많이 잡아서 죽였다는 것이다. 그러나 이 부분은 대표적인 민족지도자인 김좌진의 암살을 정당화하기 위하여 공산당 측이 주장하는 내용의 일단이다.

강용권과 양환준의 대담에서 가장 주목되는 것은 기존에 여러 곳에서 제기되었던 '박상실'이라는 이름이 전혀 언급되지 않는다는 점이다. 위의 문답에서는 이복림의 별명을 최동범, 공도진 등이라고만 하고 있다. 여기서 한 가지 추측을 해볼 수 있는데, 그것은 바로 박상실의 원명이 이복림이 아닌가 하는 것이다. 김좌진이 경영하는 금성정미소에 조선공산당 만주총국 화요파 김백파의 명령에 따라 위장 취업한 인물이 이복림이었기 때문이다. 그리고 이복림의 아명(兒名)이 공도진이었다. 이 점은 같은 마을에서 함께 자랐다는 양환준과 지혜겸의 증언으로 입증된 바 있다. 박영석 교수 역시 1991년 10월에 하얼빈 혁명역사관을 방문했을 때 벽에 걸려있던 이복림의 사진 밑에 '일명 공도진'이라고 쓰여진 것을 확인하였다고 한다.

그렇다면 더욱더 이 이복림이라는 인물이 궁금해진다. 그는 과연 누구인가? 지금까지 밝혀진 그의 경력을 정리하여 보면 다음과 같다. 이복림은 함북 명천군 출신으로 1925년에 지금의 중국 길림성 화룡현 서역향 명암촌으로 이주하였다. 그는 이동선의 소개로 조선공산당 만주총국에 입당하였고, 1928년 8월에 영안현으로 가 조선공산당 만주총국의 청년동맹에서 활동하였다. 1929년 후반에는 조선공산당 만주총국의 책임비서 김백파의 특수임무를 받고 한족총연합회의 본부인 산시에 잠입하여 기회를 엿보다가 김좌진이 경영하는 금성정미소에 위장취업하여 신임을 받고 일하였다. 그러던 중 1930년 1월 24일에 김좌진을 암살하고 곧바로 도주하여 위자둔에 숨어 있다가 아성으로 도망가 중국공산당에 가입하였다. 그해 10월에는 중국공산당 아성현위원회 서기로 임명되었는데, 그 후 다시 주하현(지금은 상지현) 조직부장과 주하항일 유격대 당지부서기, 동북항일유격대 합동지대 당위서기, 동북인민혁명군 제3군 군법처장, 항일연군 제3군 제1사 정치부주임 겸 합동지대사령, 중공북만임시성위조직부장, 항일연군 3·6·8·9군 연합의 동판사처주임 등 중공공산당의 핵심조직을 두루 맡았다. 이복림은 1937년까지 철저한 중국 공산당원으로 활동하다가 동년에 일본군과의 전투에서 사망하였다고 전해지고 있다.[4]

여기에서 지금까지 김좌진의 암살과 관련하여 제기된 이름들을 나열해 보면 다음과 같다. 박상실, 김봉환, 김일성, 이복림, 최동범, 공도진. 과연 이들 가운데 김좌진을 암살한 것은 누구일까? 일단 김좌진을 암살한 인물이 박상실이라는 이름을 가졌던 것은 분명한 것 같다. 왜냐하면 그가 1년 동안이나 금성정미소에서 위장 취업을 하였다면 설사 그것이 본명이 아니라고 하더라도 그 당시 그가 사용한 이름은 당시에 김좌진과 함께 활동을 했던 사람이라면 모두가 알고 있었을 것인데, 그들 모두가 공통적으로 '박상실'이라

4) 양환준, 「20세기후반 재만조선공산당 활동」, 『연변문사자료』4.

는 이름을 지목하고 있기 때문이다. 즉, 당시 김좌진과 함께 활동했던 인물들이 작성한 「고김좌진동지의 약력」, 김좌진의 부하였던 이강훈의 증언, 당시 『조선일보』 특파원으로 현지에 갔던 김연파 기자의 보도 등이 모두 암살범으로 '박상실'이란 이름을 지목하고 있는 것이다. 김좌진과 함께 활동을 했던 인물들 중에서 서귀남만이 유일하게 암살자를 '김일환'이라고 지목하고 있는데, 그 역시도 김일환이 박상실의 이명일 가능성은 배제하고 있지 않다.

문제는 이 '박상실'이라는 이름이 본명인가 하는 것이다. 이 부분이 밝혀지면 김좌진 암살의 배후를 찾는 일이 쉽게 해결될 수 있을 텐데, 박상실의 본명은 앞에서도 살짝 언급했던 바와 같이 이복림일 것으로 생각된다. 당시 조선공산당 만주총국에서 활동했던 양환준, 지혜겸 등의 증언에 따르면 박상실은 이복림이 된다. 이복림은 조선공산당 만주총국의 명령에 따라 금성정미소에 위장 취업하여 김좌진을 암살하였다고 전해지고 있기 때문이다. 따라서 지금 현재로서, 그리고 당시의 한족총연합회와 조선공산당 만주총국과의 대립 구도 등으로 볼 때 이복림이 박상실일 가능성이 가장 크다.

2. 김좌진 장군 암살의 숨은 배경 찾기

김좌진의 암살 배경과 관련해서는 두 가지 설이 있다. 하나는 조선공산당 만주총국(화요계)의 책임비서인 김백파가 이복림을 사주하여 암살하였다는 것이고, 또 다른 하나는 하얼빈 일본총영사관 소속 경찰 마쯔시마의 지휘하에 한국인 박상실, 또는 김일환이 극비리에 암살하였다는 것이다.

이 두 가지 설은 모두 어느 정도 타당성을 지니고 있다. 당시 조선공산당 만주총국과 김좌진의 한족총연합회는 대립관계에 있었고, 일제 측에서도 항일영웅 김좌진을 제거하려고 혈안이 되어 있었기 때문이다. 결론부터 말하면

▲ 일본 하얼빈총영사관

필자는 이 두 설이 일정 부분에서는 모두 맞는 것이라고 생각된다. 우선 당시의 여러 가지 상황을 고려해 볼 때, 조선공산당 만주총국에서 암살하였다는 것은 분명한 것 같다. 김좌진 암살은 살해범이 단순히 사주를 받아서 행한 일이라기보다는 살해범 스스로가 투철한 사명감을 가지고 행하였다고 볼 수 있는 정황들이 많다. 따라서 조선공산당 만주총국이 이복림에게 김좌진은 일제의 주구로서 공산당을 괴롭히고 있기 때문에 민족을 위해서는 반드시 죽여야 한다고 살해의 명분을 주고, 그로 인한 그릇된 사명감에 이복림이 김좌진을 암살한 것이 아닐까 한다.

다음의 자료들이 이러한 사실을 뒷받침해 준다. 먼저 앞서 살펴본 대로 「고김좌진동지의 약력」에는 김좌진 장군이 1929년 음력 12월 25일 오후 2시 중동선 산시 자택에서 고려공산당청년회 및 재중한인청년동맹원 박상실에 의해 살해되었다고 기록되어 있다.[5] 또한 재중국조선무정부주의자연맹의 기관지인 『탈환』(9호)에 실린 「산시사변의 진상」에서는 암살의 주모자가 지난번 북경에서 김천지와 함께 공산주의 간행물 『혁명』을 발행한 김봉환(일명 김일성)[6] 이라고 밝히고 있다. 나아가 이 글은 김봉환이 조선공산당 만주총국의 주요 간부라는 사실과 그 외에 이주홍, 이철홍, 김윤 등의 연루자가 있다는 등의 구체적인 내용을 담고 있다. 그 내용에 따르면 조선공산당 만주총국의 계획은 김좌진을 암살함으로써 한족총연합회 내에 분열을 조장시키는 것이었고, 이를 실현하기 위해 박상실을 매수하여 김좌진을 암살하였다는

5) 『外務省警察史』 만주부, SP 205-4, 12973.
6) 김봉환은 1925년 1월부터 북경에서 김성숙(金星淑), 윤종묵(尹宗默), 이민창(李民昌)등과 함께 매월 1회 『혁명』을 간행하였다.(「불령단관계잡건」선인의 부, 신문잡지 5, 「불온신문 혁명기사에 관한 건」).

것이다. 이 글은 이러한 사실이 공범 이주홍의 취조 결과 드러났다고 하였다.[7] 즉, 『탈환』에 실린 이 글은 김좌진을 암살한 행동대원은 박상실이었지만, 그 중심에는 조선공산당 만주총국의 주요 간부였던 김봉환과 이주홍 등의 사주가 있었다고 밝히고 있다. 위의 사실들을 종합해 볼 때 김좌진 암살의 배후에 조선공산당 만주총국이 있었다는 것은 확실한 것으로 보인다.

그런데 문제는 박상실에게 암살을 사주한 이 '김봉환'이란 인물이 하얼빈 일본 총영사관 측과 연결되어 있던 인물로 알려져 있다는 데 있다. 이것이 사실이라면, 박상실의 암살 배후에는 조선공산당 만주총국 이전에 먼저 일제가 있었다는 말이 된다. 즉, 일제는 북만주지역의 항일독립운동세력을 전멸시키기 위하여 화요파 김봉환을 포섭하였고, 김봉환은 박상실을 하수인으로 이용하였다고 볼 수 있는 것이다. 일제는 화요파를 이용하여 김좌진을 암살함으로써 화요파와 한족총연합회 사이를 이간시키고, 아울러 김좌진이 한족총연합회의 무정부주의자와 대종교적 민족주의자의 연결고리라는 점에서 그를 없애 그 고리를 끊음으로써 양파의 분열 또한 촉진시키는 이중효과를 올리고자 하였던 것이다. 즉, 일본 하얼빈 총영사관의 '공산주의 세력과 한족총연합회 세력의 갈등을 조장하기 위한 계책'에 화요파 공산당이 넘어간 것이 아닌가 추정된다.

실제로 1930년 1월 김좌진이 암살당한 후 한족총연합회와 조선공산당 만주총국 화요파의 관계는 더욱 악화되었다. 그들의 알력 다툼은 점차 노골화되어 쌍방이 소위 암살대를 조직하는 등 상호 적극적으로 행동을 전개하였는데, 구체적으로는 중국관헌을 이용하여 반대파의 체포에 노력하거나 격문을 배포하여 반대파의 죄악을 선전해서 자파의 세력을 유지 · 확장하고자 하였다. 그 일환으로 1930년 7월 5일 한족총연합회에서는 국민부와 제휴하여

---

7) 『外務省警察史』만주부, SP 205-4, 12975-12979.

조선대독립당(朝鮮大獨立黨)을 조직하려 하였다.[8]

정리하자면 결국 박상실 뒤에 숨겨져 있던 김좌진 장군의 암살 배경에는 일제와 조선공산당 만주총국 모두가 있었던 것이 아닐까 한다. 1930년 1월 24일 일어난 김좌진 장군의 죽음은 '일제'라는 총알이 장전된 '조선공산당 만주총국'의 한 자루의 총이 '박상실'의 손에 쥐어짐으로써 비롯된 비극은 아니었을까.

3. 신문들, 김좌진 장군의 서거를 전하다

1930년 1월 24일, 김좌진 장군은 북만주에서 우리 동포에게 살해당하였다. 우리 민족을 위해 일하던 그가 일본인도 아닌 우리 동포의 손에 죽음을 맞이하였기에 그 슬픔은 더욱 클 수밖에 없었다. 이는 당시 신문들을 통해 쉽게 확인해 볼 수 있는데, 당시에 신문들은 그가 맞은 안타까운 죽음을 생생하게 보도하였다. 신문에서 김좌진 장군의 죽음이 처음으로 보도된 날은 그가 암살당한 날로부터 약 15일이 지난 1930년 2월 9일이었다. 그날의 『동아일보』 기사는 다음과 같다.

> *신민부 수령 김좌진 피살설 해림에서 청년에게 사격돼*
>
> *북만주에 근거를 둔 신민부 수령 김좌진 씨는 지난 1월 14일에 해림이라는 곳에서 김일성이라는 청년에게 사살을 당하였다는 말이 있다는데, 김좌진 씨는 지금으로부터 20년 전에 일한합병에 불평을 품고 만주로 건너가서 다수의 청년 동지를 규합한 사람으로서 근자에는 정책의 차이로 반대파가 있게 되어, 이번에 사살하였다는 청년은 반대파의 청년이라고 전한다.*
>
> *『동아일보』 1930년 2월 9일자*

---

8) 『外務省警察史』만주부, SP 205-4, 13014.

이때까지만 해도 신문들은 그의 죽음을 조금은 불확실하게 전하였다. 위에서 확인할 수 있듯이 『동아일보』는 "김좌진 씨는 지난 1월 14일에 해림이라는 곳에서 김일성이라는 청년에게 사살을 당하였다는 말이 있다는데"라며 애매한 태도를 보였고, 같은 날 보도된 『조선일보』의 기사에도 그의 죽음이 "사실이 아닌 듯하다고" 게재되었다. 『조선일보』의 내용을 보면, 경기도 경찰부 경시 이원보가 하얼빈과 북만주에 출장을 갔다 와서 경찰당국에 그렇게 보고하였다고 되어 있다.[9]

이와 같이 김좌진 장군의 죽음에 대해 애매하게 보도했던 신문들은 1930년 2월 13일에야 비로소 그의 죽음을 명확한 사실로 보도하기 시작하였다. 이날의 『동아일보』 기사를 보면 다음과 같다.

> 흉보를 확전하는 백야 김좌진 부음. 북만 독립운동자의 거두 42세를 일기로
>
> 신민부 수령으로, 남북만주에서 여러 가지 활동을 하고 있던, 백야 김좌진 씨가 지난 1월 24일 오후 2시에 중동산선 산시역 부근 산중에서 김일성이라는 자에게 총살되었다는 풍설이 있다 함은 기보한 바이어니와, 금 12일에 이르러 시내 각처에 김좌진 씨의 서거가 확실한 것을 증명하는 부고가 배달되었다. 부고의 내용에 김좌진 씨가 서거한 원인에 대하여는 일언반구가 없으므로, 일시 일본 신문이 선전한 바와 같이 과연 그 반대편의 손에 사살이 되었는지, 혹은 그 이외의 복잡한 관계로 해를 입었는지는 아직 확실히 판명되지 아니하였으나, 김좌진 씨가 전후 20년 동안이나 남북만주로 돌아다니며, 혹은 독립군을 양성하기 위하여 다수한 조선 청년들을 모아 실제 훈련을 하고, 혹은 2,000여 명의 부하를 거느리고, 북간도 방면에 넘나들며, 혹은 신민부를 조직하여 10년을 하루같이 활동하여 온 것은 세상이 다 아는 바이어니와 만부부당지용(萬夫不當之勇)과 발산(拔山)의 힘을 가지고, 조선 사람에게 "조선이 가진 만주의 장사"라는 느낌을 주던 김좌진 씨도 42세의 파란 많은 역사를 세상에 남기고, 눈 쌓인 만주벌판에 최후의 피를 흘리고 말았다.
>
> 『동아일보』 1930년 2월 13일자

9) 『조선일보』1930년 2월 9일자, 「김좌진피살설 선전, 경기도 경찰부 리경시의 말로는 사실이 아닌듯하다고」.

위의 1930년 2월 13일자 『동아일보』 기사는 그의 죽음을 분명한 사실로서 보도하고 있다. 마찬가지 『조선일보』에서도 이날 "신민부 군사위원장 김좌진암살 확실, 지난 일월 이십팔일 오후 2시 중동선 모처에서 참사"라며 그의 죽음을 확실하게는 전하였는데, 암살 일자는 1월 28일로 잘못 기록하였다. 다음의 기사는 김좌진의 죽음을 기정사실화한 이후에 그의 죽음과 관련하여 보도한 『조선일보』 기사의 한 예이다.

김좌진 피살 당시의 광경

*하수자*下手者 *는 김일성*

북만에 근거를 둔 신민부 수령 백야 김좌진 씨는 지난 달 24일 오후 2시경에 중동선 산시참 자기가 경영하는 정미소에서 기계고장이 난 것을 보다가 돌연 등 뒤에서 어떤 청년 한 명이 권총을 발사하여 탄환이 배부에서 흉부로 관통되어 현장에서 즉사하였다는데, 청년은 권총을 발사하고 곧 도망하는 것을……추적하였으나 종적이 묘연하고……금번에 김좌진 씨를 사살한 데 대하여 일반의 추측이 각기 달라 그 정곡을 포착하기 어렵게 되었다.

어떤 이는 반대파의 소행이라고도 하는 등……만주 일대는 백야의 죽음에 대한 풍설이 분분한데, 하수자 성명은 김일성(金一星)이라더라.

『조선일보』 1930년 2월 16일자

『조선일보』는 김좌진 장군의 죽음과 관련하여 주목할 만한 구체적인 기사들을 많이 보도하였는데, 1930년 2월 14일부터는 그의 일대기를 연재하기도 하였다. 연재기사는 2월 14일자(1회)를 시작으로 2월 15일자(2회), 2월 16일자(3회), 2월 17일자(4회), 2월 18일자(5회)까지 이어졌다.[10] 특히 다

---

10) 『조선일보』1930년 2월 14일자,「名門에 일흠높흔 安東金氏 自古로 風雲兒가 만하나, 大國建設 金覺均과 金玉均도 一門四十二歲로 長逝한 金佐鎭一生(一)」; 1930년 2월 15일자,「三國誌의 次看下回를 自解斷髮開化에 急先峰, 안저서 뛰어 오량대들보를 바닷고 天主教徒를 大喝後 奴隷解放, 逸話만흔 金佐鎭의 一生(二)」; 1930년 2월 16일자,「長銃든 十五强盗 한손에 묵거노코, 처갓집 소를 공중에 높이메여쳐 一世를 혼동하든 靑年時代여력, 逸話 만흔金佐鎭의 一生(三)」; 1930년 2월 17일자,「警官의 包圍中에서 秘密名簿 불살르고

음에 소개하고자 하는 1930년 2월 18일자 『조선일보』 기사는 암살 2주 전에 촬영한 김좌진의 사진과 함께 게재된 것으로 여기에는 그동안 그의 죽음과 관련하여 잘 알려지지 않았던 내용들이 많이 담겨 있다. 때문에 다소 길지만 상세히 소개하고자 한다. 그의 죽음과 관련하여 여러 면에서 참고가 될 수 있을 것이다.

김좌진 살해 진범은 한인청년동맹원 박상실로 판명

북만에 있는 한족총연합회 주석 김좌진이 피해당한 현장에 본사 특파원이 출장하여 실지 조사한 바에 의하면, 백야 김좌진은 중동선 산시참에 있다가 지난 1월 24일 오후 2시경에 집에서 약 일정가량되는 금성정미소에 가서 놀다가 그 정미소 문밖으로 나와서 정미소 서편 문밖에 있는 정미소에서 쓰는 풍차 옆에 서서 그 풍차에서 쌀과 돌이 갈라져 나오는 것을 지적하면서 손덕창(孫德昌)이라는 사람에게 말을 할 즈음에 어떤 악한이 권총을 가지고 등뒤에서 발사하였는데, 백야는 웬 놈이 총을 쏘는가 하면서 용감히 소리를 지르고 뒤로 돌아서 오육보를 걸어나가다가 다시 돌아서면서 입으로 피를 토하며 현장에서 그만 비참하게 절명되었다더라.

부하 청년 안이근(安利根) 삼십리를 추격했지만, 날이 저물어 잡지 못하고 범인은 탈출

백야 김좌진 씨가 피해를 당한 현장에 있던 안이근이 그 범인을 추격하는 동안에 중국 육군 7~8명이 같이 추격하여 남으로 삼십 리나 수색을 하였으나, 마침 저녁이 되어 범인을 체포하지 못하였다고 하더라.

유유히 포승밧던 그의 침착한 행동 蘆伯麟氏 等과 軍事 關한 硏究(四)」; 1930년2월 18일자.「廣莫한 滿洲벌판에서 腥風血雨를 무릅쓰고, 자기가 양성한 군대를 거느려 有名한 靑山里事件에는 一騎로 當千, 逸話만흔 金佐鎭의 一生(五)」.

범인은 일명 김신준(金信俊)이고, 김일성(金一星)이란 자와 십여 일을 노리었다

김좌진 씨를 살해한 범인은 박상실, '일명 김신준'으로 판명되었는데, 그 범인의 공범은 이주헌, 김일성, 김세방, 김동규, 이숙향이란 네 가지 이름을 가지고 다니는 김일성이가 총을 사서 범인 박상실에게 주었으며, 범인은 해림 원기상(元基常)의 집에서 6개월 동안 있었으며, 산시에 와서 10일간이나 있으면서 틈을 엿보다가 틈을 타서 그 같은 가해를 한 것이라더라.

가해자 계통은 한인청년연맹원

김좌진을 가해한 범인은 박상실인데, 그는……고려공산당 중앙위원회 만주총국의 계통으로 고려공산청년회 회원이며……주중한인청년동맹원인데, 이번 일은 신민부의 자유연합주의적 지방자치제에 반대하여 절대의 중앙집권제를 주장하며 자파의 세력을 확장하려는 데서 생긴 것으로 보인다.

중국 각계에서 300여 인 내조, 조선인 조문객도 수백 명 1월 25일 초빈

김좌진 사망 후 그 이튿날에 중국관헌이 와서……초빈(草殯, 시신을 땅에 바로 묻지 않고 관을 땅 위에 올려놓은 뒤 이엉 등으로 덮어 두었다가 2~3년 후에 뼈를 골라 땅에 묻는 장례 풍습)을 지내게 도왔는데, 동지들과 조문객 수백 명과 중국 관공민이 속히 와서 삼사백 명이 조문하였으며, 조문 군중으로 초빈을 거행하였다더라.

살해 동기는 헤게모니

김좌진을 살해한 박상실이 김좌진을 가해하기까지의 동기와 원인을 탐문한 바에 의하면, 박상실은 얼마 전 러시아로부터 북만에 와서 동지를 규합하여 무슨 운동을 하려 하였으나 달성치 못하고 있어 오던바, 김좌진과 연락을 하며 직간접으로 독립운동을 추진하였으니, 그들 배후 이면에는 독립운동의 방법에 의하여 군정, 민정의 신민부의 내분을 야기하고, 또 박상실은 볼셰비키의 급진사상을 가진 청년으로 자계(自系)의 주중한인청년동맹과 한족총연합회 간 지방 쟁탈 및 헤게모니 진취욕에서 원인하여 이번 행동에까지 나온 것이라더라.

▲ 김좌진 암살범이 도망간 산

"어떤 놈이 총을 쏘아?" 김좌진이 최후에 한 말

현장 목도한 안이근 씨의 담

김좌진 씨가 지난 1월 24일 오후 2시에 참사를 당한 바, 그 현장을 목도한 안이근 씨를 방문한 즉, 안이근 씨는 기자에게 다음과 같이 말하더라.

"백야가 그날 정미소에 놀러오셨다가 오후 2시경 정미소에서 쓰는 풍차를 구경하며 정미소 문밖에 나와서 풍차 옆에 서서 손덕창에게⋯⋯말하는 중에, 뒤에서 총소리가 나자 선생은 돌아서면서, '어떤 놈이 총을 쏘아?' 하고 몇 발자국을 걸어 가다가 돌아서면서 그만 땅에 넘어졌는데, 총을 쏜 범인은 나이 이십오륙세 되어 보였다. 남쪽으로 달아나는 것을 손덕창 씨와 중국군인 5~6명이 추격을 하였으나 마침 날이 황혼이 되어 못 잡았다고 하더라."

통한사(痛悔事) 목격한 손덕창 씨 담

김좌진을 안 지가 십 년이 넘었으나 나는 농사만 함으로⋯⋯그가⋯⋯수령인 줄만 알 뿐이고, 그 나머지 일은 알 수가 없습니다. 그날도 우연히 금성정미소에 있다가 문밖에 나오는 동시에 백야가 풍차 옆에 가서 저 더러 이것은 어떠하며, 저것은 어떠하다고 말하는 중에 권총소리가 남으로 뒤를 돌아보니, 이십륙륙세 되어 보이는 청년이 있었습니다. 그것을 보고 내가 겁이 나서 웬 놈이 총을 들었다고 고함을 치는 중에 벌써 백야는 땅에 넘어지더이다. 그리고 산으로 달아났는데 동지들은 그놈을 추격하였으나 얼마 후에 황혼이 되어 잡지 못하였지요. 참 원통한 일이올시다.

김일성과 이주헌 양 공범만 체포

박상실은 아직 체포하지 못하고, 그 공범인 김일성, 이주헌 두 명은 체포하였다
하며, 범인 김신준이가 자기의 명의로 영안현 동경성 김항에 있는 김세방에게
전후사와 사정을 말하여 편지한 것이 발각되었다더라.

『조선일보』 김연파 기자의 르포, 「백야 조문 가는 길에」

김좌진 장군의 죽음과 관련한 신문 보도 중 가장 주목할
만한 것은『조선일보』김연파[金然波. 본명은 김이삼(金利三)] 기자의 7회에 걸친 르포인
「백야 조문 가는 길에」이다. 『조선일보』는 김좌진 장군의 죽음에 관한 보다
구체적인 사실들을 확인하고자, 하얼빈 특파원 김연파를 현지에 파견하고,
그가 작성한 「백야 조문 가는 길에」를 1930년 3월 2일(1회), 1930년 3월
4일(2회), 1930년 3월 6일(3회), 1930년 3월 8일(4회), 1930년 3월 9일(4회)(4회는
8일과 9일 이틀에 걸쳐 연재함), 1930년 3월 11일(5회), 1930년 3월 13일(6회), 1930년
3월 14일(7회) 등 7회에 걸쳐 연재하였다. 김연파의 르포는 김좌진 장군 순국
당시의 모습을 생생하게 묘사해 주고 있는데, 이와 함께 하얼빈에서 산시역
가는 길의 동정, 순국 후 당시의 산시역 분위기 등도 생동감 있게 전해주고
있어 많은 부분에서 참고할 수 있는 자료이다.

한 예로 1930년 3월 6일자 기사는 당시 산시지역의 삼엄한 분위기를 파
악하는 데 도움이 된다.

산시역이라고 써 걸은 조그만한 역이다. 전등이 있기는 하나 컴컴하여 잘
보이지 않는다. 초행에다가 더욱 밤임으로 찾기가 곤란할 듯하여 동포들이 행여
있을까 사방을 살펴보니 조선복 입은 동포가 보여……그곳의 한인학교로 가게
되었는데 지형도 잘 모르고 컴컴하지만 잘 따라갔다. 얼마 가더니 '이 집이

학교이오'하면서 들어가기를 권함으로 방으로 들어가니 가는 석유불에 컴컴하여 잘 보이지 않는데 방 안에는 5, 6인의 중국옷을 입은 청년이 앉아 있다. 그들에게 일일이 인사를 청한 후 이○○씨가 소개하여 준 전○○(이을구-필자주)씨를 찾으니 마침 출타하여 내일에나 돌아온다고 한다. 그들은 깊은 의아심을 가지고 기자의 주소를 묻는데, 양복을 입고 간 기자가 더욱 이상하게 생각되는 모양이다. 분위기를 잘 아는 기자는 본사에서 출장하라는 전령을 받고 왔다고 말하며 ○○씨가 소개한 편지도 내어 보여주었다. 한 청년이 그 소개편지를 가지고 나갔다 들어오더니 그는 내일 아침에나 돌아온다고 한다. 처음에는 그 불친절한 것이 내심 불쾌함도 없지 않았으나 우리의 현재 환경과 사건의 발생지대가 지대인 만큼…… 수긍하였다. 기자는 일각이라도 속히 조문도 하고 사건의 진상을 들어 보았으면 하는 조급한 생각에 그 청년들에게 물어보려 하였으나, 그 청년들은 내일 책임자를 만나 말하라고 대답한다. 시간은 벌써 자정이 지났다. 그 학교에서 그대로 자게 되었다.

「백야 조문 가는 길에」(3회), 『조선일보』 1930년 3월 6일자

위의 내용을 통해서 우리는 당시 산시지역은 김좌진이 암살된 지역이었기 때문에 이곳에 알지 못하는 청년이 왔을 때에는 이 지역 사람들이 크게 경계하였다는 것, 또 정확히 알지 못하는 사람에게는 사건의 진상을 함부로 말하지 않았다는 것 등을 알 수 있다.

김연파 기자는 다음날 책임을 맡은 청년을 만나 문답을 하게 되었는데, 이때 그 청년이 김연파에게 다음과 같은 질문을 하였다고 한다. "어떠한 사상, 다시 말하면 어떠한 주의에 흥미를 가지고 있습니까? 지금 묻는 그 의미는 지금 나의 대답할 제 조건이 사회

◀ 금성정미소의 김좌진 순국 장소

의 중대한 문제이며 또는 식자적 비평을 요하는 것임으로 먼저 이것을 묻게 되는 것입니다. 이 점 양해하고 대답해주시오."[11] 현지의 책임을 맡은 청년이 김좌진의 암살문제를 묻는 기자에게 도리어 주의 · 사상 문제를 물어 왔던 것이다. 이에 대하여 김연파 기자는 대답하기가 곤란하였다고 고백하고 있는데, 그것은 당시 이 지역에서는 주의와 사상이 생사문제와 직결되어 있었기 때문이었다.

이 같은 우여곡절을 거치고 나서야 김연파 기자는 김좌진 장군이 암살된 현장을 돌아볼 수 있었다. 당시 그가 사건 현장을 둘러보며 쓴 기사를 소개하면 다음과 같다.

> 청년과 함께 남쪽으로 가게 되었다. 앞을 보니 조선 사람이 사는 집이 드문드문 있다. 안내하는 청년이 손을 들어 가리키기를 저 집이 금성정미소인데 저 정미소 앞에서 백야가 암살을 당한 것이라고 한다. 기자는 그 현장을 어서 가서 보았으면 하는 조급증이 났다.……그 현장인 정미소에 도착하여 보니 쓸쓸한 벌판이다. 백야가 구경하다가 참변을 당한 풍차가 아직 그대로 놓여 있는데 백야가 참변을 당할 때에 뒤로 몇 발자국 걸어 나오다가 무참히 절명을 한 것이라고 청년은 지점을 가리키며 설명하여 준다. 기자가 말을 들으며 그 진경을 멀리서 보다가 이것이 조선 사람으로서 할 일이냐 하는 마음에 눈물이 아니 흐를 수 없었다.……안내하는 청년은 그 범행을 한 박상실이가 그때에 남쪽편인 저 산 밑으로 도주하였다고 하면서 참변 시에 안이근 씨가 범인을 좇아가는 동시에 이 참변의 급보를 접한 중국 육군 8, 9명이 추격하였으나 범인은 저 앞에 있는 산으로 넘어가서 산중에 잠적하여 버렸고 얼마 동안 수색하여 밀강으로 달아나는 것은 계속 추격하였으나 마침 날이 저물어서 잡지 못하고 말았다 한다.
>
> 「백야 조문 가는 길에」(5회), 『조선일보』 1930년 3월 11일자

---

11) 『조선일보』 1930년 3월 8일자, 「백야조문가는 길에」.

김연파 기자의 기사는 다른 어느 기록보다도 김좌진 장군의 사망 당시의 상황을 상세하게 기록하고 있다. 그는 이 르포를 통해 암살범이 박상실이라는 것, 또 그가 사망한 장소가 금성정미소라는 것 등의 구체적인 사실을 우리에게 알려준다. 그러나 그의 르포문은 암살범이라고 지목하고 있는 박상실의 신분이라든가 암살배경 등에 대해서는 언급하고 있지 못한 한계를 지니고 있다.

▲ 조선일보 1930년 2월 28일자

■ 『조선일보』 김연파 기자의 르포 원문

▲ 중동철도(산시참)

백야(白冶) 조문 가는 길에(1) –하얼빈역 특파원 김연파

고 백야 김좌진 씨가 지난 1월 24일 오후 2시경에 중동선 산시참에서 어떤 청년에게 저격되어 별세하였다는 흉보(凶報)를 접한바, 그날 곧 떠나가서 그곳에서 울고 있는 그의 가족과 그의 동지를 조문 위로하고 참상의 실태를 알아보았으면 하는 생각이 일각삼추(一刻三秋)이었으나, 모든 사정관계로 떠나지 못하고 답답하여 있던 중에 지난 15일 오전에 본사로부터 출장하라는 전명(電命)을 받게 되었다. 기자는 조문을 가라고 하던 중에 전명(電命)을 받게 되므로, 어서 가보겠다는 호기심이 나게 되어 가는 준비를 마무리 하여 노코, 중동선행(하얼빈 블라디보스토크–필자주) 기차시간을 기다렸다. 당일인 15일 오후 11시 39분 북행(北行)으로 출발하기로 하여 행장을 준비해 가지고 떠나려고 할 즈음에 마침 길림으로부터 이○○ 씨가 내방하였다. 그는 3년 전에 제남(濟南)에 갔다가 돌아오는 중 로(路)인 영구(營口)에서 만났던 분이다. 씨는 기자가 백야 조문을 간다는 말을 듣고

○○씨에게 소개편지를 써서 준다. 기자는 그 소개편지를 받아가지고 장춘정차장(長春停車場)에 나가서 하얼빈으로 향하기로 하고, 차표를 사서 차에 올랐다.

차간(車間)에는 전부 중국인(人)으로 만원인데 차(車)는 떠나서 북편(北便)으로 달아난다. 벌써 어느덧 관성자역(寬城子驛)을 지나게 되었는데 군인들이 와서 차표(車票)를 검사하고 간다. 본래 중국에는 전등이 차칸에 삼사(三四)개(個)이므로, 컴컴하여 글을 보거나 쓸 수는 없으므로 자는 것밖에 없어서 부득이 자게 되었다. 한참 자다 깨어보니 다음 날 오전 5시이다. 차창 밖으로 내다보니 벌써 삼차하역(三岔河驛)이다. 중국인은 차에서 오르내리는 사람이 많으나 조선사람은 한 사람도 보이지 않는다. 이 삼차하역은 장춘, 하얼빈 간의 절반이며, 부여(扶餘)땅인데, 이곳의 특산물은 소미(小米)와 대두(大豆)이요, 기타 잡곡을 합하여 삼사십만 석을 수출하는 곳이다. 역에 곡물을 쌓는 것이 작은 산같이 솟았다.

이 역을 지나서 채가구역에 당도하였다. 차창으로 서편(西便)을 내어다보니 퍽은 넓은 벌이다. 그 벌은 사방대(四方臺)라는 곳인데 삼작년(三昨年)에 이 사방대에다가 수전을 경영하려고 조선동포가 백여 호를 들어 보(洑)를 막다가 지형(地形)이 너무 높아서 다 막지 못하고, 그만 그해 농사를 실패하고, 사방으로 유리(流離)하게 되었다. 기자는 그 벌을 내다 볼 때에 저 사방대에서 그 동포들이 많은 고생을 하고도 농사를 짓지 못하고, 필경 사방으로 유리하든 그 정경이 어떠하였을까 하는 생각이 가슴으로 떠오른다.

그들을 생각할 때에 우리가 생활보장이 없이 만주에 와서 살기 때문에 그런 것 저러 것을 다 당하게 된다는 것이 더욱 생각되며, 느껴진다. 이런 것을 생각하는 동안에 어느덧 차는 벌써 쌍성역에 도착이 되었다. 이 역은 쌍성현이다. 인구는 2, 3천 호(戶)가 되는 곳이었다.

그 많은 인구가 살지만 하얼빈 그 대도시가 멀지 않으므로 시가는 별로 번창하지 못하다. 그러나 중국인 부자가 많이 있는 곳이다.

1930년 3월 2일자

백야 조문 가는 길에(2) –중동선 차중 특파원 김연파

차는 벌써 하얼빈 역에 도착하였다. 시계는 8시를 가리킨다. 한편에서 하얼빈 이라고 소리를 친다. 승객들은 하차(下車)하여 역 출입구로 나간다. 기자도 하차하 여 구내 대합실에 들어가서 중동선 차 시간을 생각한즉, 약 1시간 50분의 여유가 있으므로 그동안에 하얼빈의 조선, 동아 양 지국(支局)을 방문하고자 하여 짐을 들고 밖으로 나와 도리(道理)행 전차를 탔다. 전차 안에는 러시아인이 10에 7은 된다. 이곳만 하여도 국제도시란 생각이 난다. 어느덧 전차는 도리에 다았다. 기자 는 차에 내려서 『조선일보』지국으로 찾아가서 문을 열어주는 어떤 청년을 따라 문안으로 들어선즉, 안에는 청년 두 사람이 아직도 자고 있었다.

앞에 방으로 김지산(金芝山) 씨가 올라와서 악수를 하여주는데 씨는 지우(知友) 라 반갑게 맞이해준다. 그리고 기자에게 여행길을 들음으로, 중동선이라고 하며, 어떻게 되면 국경까지 갈듯하다고 대답하고, 행이(行李)를 잠깐 맡긴 후 그곳 『동아일보』지국장 박장형(朴長兄)을 방문하려고 나와서 수도가(水道街)에 있는 박형(朴兄)의 댁을 찾았다. 박형은 아직 기상치 않았는데, 그 부인이 반가히 마지 어 곧 방으로 들어갔다.

방에 들어가니 박형은 반가히 악수하며 어디를 가느냐고 묻는다. 그대로 중동 선 방면에 간다고만 대답한 후 그간 사정을 잠깐 서로 통(通)하고, 시간이 급하므 로 작별을 하고 나왔다.

점심을 먹고 가라고 붙잡는 박형에게는 귀로에 들리겠다고 하고 나와서 『조 선일보』 지국에 가서 거기서도 주인(主人) 김지산씨가 마찬가지로 붙잡는 것을 말 로만 감사하고 총총히 작별한 후에 전차로 역에 나와서 10분쯤 남은 시간으로 차 표를 사가지고, 중동선행 기차에 몸을 실었다.

대도시니 만큼 승객이 몇 천 명이 되는 모양이다. 이 도시는 중국인 20만, 러시 아인이 10여 만, 조선인이 2천여 명, 일본인이 3천여 명이나 사는 곳이며, 건물도 도리(道裡)는 서양식의 건축이요, 시가의 도로도 서양식이다. 모든 것으로 보아서 북만(北滿)의 도시이며, 교통은 중동선으로 만주리와 장춘으로 통하는 중앙기점이

다. 기점이니 만큼 오고 가고 하는 승객이 여간 복잡하지 아니하다. 벌써 차는 떠 난다. 기자가 식사를 위해 식당에 들어가니 국내에 있는 열차 식당과는 퍽 달라서 음식이 모두 러시아식이다. 조반을 마치고 차창을 내여다 보니 눈이 아직도 여간 많치가 않다. 땅은 보이지도 않고, 나무들만 쑥쑥 솟았고, 산과 들은 눈 나라이다.

1930년 3월 4일자

백야 조문 가는 길에(3) —중동선 차중 특파원 김연파

차는 멈춤 없이 남쪽으로 자꾸 달아간다. 기자는 밤에 자지 못한 몸을 한편 구석에 기대어 잠이 들었다가 차표를 검사하려고 깼웠을 때에야 선잠을 깨었다. 때는 오후 5시를 가리킨다. 벌써 어느 길에 차는 일면파(一面波)를 지내게 되었는데 우편 차창으로 내여다 보니 눈이 덮혀 흰 나라이며, 해가 서쪽으로 저물었는데 시가에는 집집마다 연기를 피운다. 기자가 몇 해 전에 중동선을 한 번 지날 때에 들렀던 곳이다. 시가는 그때보다 많이 번창하여진 모양인데 이곳에 동포가 몇 십 호 산다고 하는바, 기자의 친우도 있는지 알지만은, 시간이 없어서 물어 볼 길조차 없다. 이곳부터는 산곡(山谷)이다.

좌우로 수림(樹林)이 무성하고, 도로는 乙자(字)로 꼬불꼬불 험하기 비길 데 없다. 벌써 황혼(黃昏) 지나 컴컴한 밤인데, 차는 그대로 산곡을 헤치며 달아난다. 차창으로 내여다 보았으나 눈만이 척여(尺餘)나 덮혔으므로 지형(地形)은 도무지 알 수 없고 보이는 것은 수림뿐이다. 몇 해 전에 한 번 이곳을 통과하였으나 그때도 밤차이었으므로 지형을 상세히 못 보았으니 이번이 두 번째이나 초행과 마찬가지다. 역마다 지날 때에 무슨 역이라고 글자를 쓴 것을 보지 아니하면 역 이름조차 모르겠다. 옛 생각을 지어내며 어서 가서 그 진상을 알고 싶은 생각이 날 때에는 달리는 기차도 더딘 것 같다. 때마침 멀미에 머리가 아파서 한구석에 업드려 있더니 벌써 밤은 깊어서 만주의 거친 들은 침묵한 중에 잠기었고 눈앞에는 산야(山野)는 고인(故人)의 거상을 입은 듯이 백설(白雪)로 소복(素服)하였으며, 음력 정월

보름달은 조문객의 가는 길을 발키는 듯이 천지(天地)를 밝히었다.

　시계는 이미 9시 반을 가리키는데 차장이 산시역이라고 외치는 소리에 허둥지둥 가졌는 행이(行李)를 수습하여 가지고, 차를 내려 역에 들어가니 산시역이라고 써 걸은 조그마한 역이다. 전등이 있기는 하나 컴컴하여 잘 보이지 않는다. 초행(初行)에다가 더욱 밤이므로 길 찾기가 곤란할 듯하여 동포들이 행여 있는가? 사방을 살펴보니 과연 조선복(服)을 입은 동포가 보임으로 반기어 물어 소식을 알고, 그곳의 한인학교로 같이 가게 되었는데, 지형도 잘 모르며 컴컴한 데를 얼마 갔다. 얼마 갔더니 "이 집이 학교이오" 하면서 들어가기를 권함으로 안으로 들어가니 가느른 석유(石油)불에 컴컴하여 잘 보이지 않는데 안에는 5, 6인의 중복(中服)을 입은 청년이 앉져 있다. 그들에게 일일이 인사를 청한 후 이○○씨가 소개하여준 전○○씨를 찾으니 씨는 마침 출타하였는데 명일(明日)에 돌아온다고 한다. 그네들은 깊은 대화를 나누고, 기자에게 주소를 물으며, 또는 양복을 입고 간 기자가 더욱이 이상히 생각되는 모양이다. 공기를 잘 아는 기자는 본사에서 출장하라는 전명(電命)을 말하고 이○○씨가 소개한 편지도 내어주었다. 한 청년이 그 편지를 가지고 나갔다 들어오더니 그 놈 어데 갔는데 명조(明朝)에나 돌아온다고 한다. 여기에 첫 번에는 그 불친절한 것이 내심에는 불쾌함도 없지 않았으나 우리의 현하 환경과 사건의 발생지대가 지대인 만치 계엄(戒嚴)하는 것을 동감하고 이해하였다. 기자의 심리는 일각(一刻)이라도 속히 조문도 하고, 사건의 진상을 들어보았으면 하는 조급한 생각으로 그 청년들에게 물으려 하였으나 그 청년들은 명일(明日)에 책임자를 만나 말하라고 대답한다. 그러자 밤은 자정이 지났다. 그 학교에서 그대로 자게 되었다.

1930년 3월 6일자

백야 조문 가는 길에(4-1) –산시참에 특파원 김연파

　그 이튿날인 17일 평명(平明)이 되어 왜소한 체구에 단아하고서도 내강(內强)한 듯한 태도를 가진 일위(一位)의 청년이 나의 유숙실(留宿室)로 들어와서 악수를 청함으로 인사를 하고 보니, 그분이 어젯밤에 기다리든 전○○씨이다. ○○씨는 다시 여행의 수고로움을 위로해주며, 지난밤에 다른 동지들이 무례하였음을 용서하라고 사과의 말을 한다. 씨의 친절한 단아한 태도에는 초면 인사에 친절한 옛 친구를 만낫 듯한 감이 있었다.

기자는 이제야 소원성취를 하였다는 느낌에서, 묻기를 시작하였고, 씨는 기자가 묻는 것이 무엇무엇인지를 미리 말을 하면 구체적으로 대답하여 주마 하고, 약속함으로 기자의 본사(本社)의 내명(內命)에 의하여, 금번 불상사의 발생원인과 그 범인의 계통과 그 충돌의 실정을 물었다. 씨는 기자의 물음에 대하여 침착한 태도에 엄숙(嚴肅)한 어조로 말을 시작한다. 씨는 먼저 기자에게 금번 이곳에 와서 조사한 사실과 자기의 대답을 어떠한 파벌적 편견이라든가, 혹은 신문사의 처지만 생각하여 임의로 증강하거나 왜곡함이 없기를 절실히 요구하고, 그리고 기자가 보도의 책임을 가지고 오니만치, 사회식자의 한 사람으로서 사회사상에 정통한 바가 있을 줄 믿는다고 전제한 후 "대개 어떠한 사상 다시 말하면 어떠한 주의(主義)에 대하여 흥미를 가지고 있습니까? 지금 묻는 그 의미는 지금 나의 대답할 제 조건이 모다 사회의 중대문제이며, 또는 식자적 비평을 요(要)할 점임으로, 먼저 이것을 들게 되는 것입니다. 이만 양해는 하고 대답해 주시오." 하고 묻는데 기자는 대답하기가 좀 곤란함이 없지 않았다.

1930년 3월 9일자

백야 조문 가는 길에(4-2) -산시참에 특파원 김연파

그는 내가 가진 사회사상의 경향의 여하의 답이 곧 씨로 하여금 완전한 답을 하고, 안 하는 중대한 초점인 까닭이었다. 그러므로 대답을 아니할 수도 없고, 기자가 있는 지대가 지대이니 만큼 자유롭지 못하기도 하며, 나의 입장으로도 처음 대한 씨가 어떤 주의(主義)를 가진 것을 알지 못함으로 그 태도는 선명히 하기가 곤란하였다. 그래서 기자는 내지(內地)를 떠난 지 10여 년인 까닭에 내지의 근간 사정을 잘 알지 못하며 사상단체에 있어서 기자가 있는 지대가 지대인 관계로 잘 알지 못한다고 하였다. 씨는 기자의 대답에 다소 회의를 하면서도 아는 듯한 태도로 "그러면 좀 나의 말하는 중에 어떤 점은 곡해(曲解)하기가 쉽겠습니다. 그러나 생각되는 대로 대강 말하지요." 하며 말은 시작한다.

도도수백언(言)으로 북만운동의 유래와 및 그 이면의 암류(暗流)를 설명하고, 백야의 흉변은 "조선〇〇단외(團外)에 대립되어 있는 대방(對方)이 행한 〇살(殺)이라고 생각합니다." 하고 비분강개의 말을 그친다.

"다시 더 물으실 내용이 있습니까." 하고, 친절이 묻는다. 기자가 긴 시간을 씨에게 더 얻기가 송안(宋安)한 중에 이 말하는 동안에 사람이 누차 왔다가는 그저 돌아가는 것을 보고 또 각처에서 온 서찰을 받아가지고 채 펴보지도 못하고 있음을 보아 분망(奔忙)한 듯이 추측되어 다른 말은 그만 뒤로 미루고 '백야 선생의 가족형편'을 간단히 물었다. 씨는 참담한 안색을 띄우고, "백야 선생의 가족 말씀입니까? 참 무어라 말씀할 수 없이 참담하게 되었습니다. 백야형(白冶兄)의 자당은 그 부인(夫人)이 모시고, 석두하자참에서 20리가량되는 팔성지(八星地)에 계신데, 백야형의 자당께서 금년 68세의 고령 노인으로 지금 이 사건 후 자리에 의지하여 누웠는데, 병환이 심상치 않으며, 그 부인으로 말하면, 지난 음력 11월에 여자아이를 낳으신 후 산후증이 미쾌(未快)한 중, 이번 사변을 당하고, 더욱 병환이 덧치어서 생활난 여부는 차치하고, 위선의 병환들로 인하여 참아 볼 수가 없습니다." 하고, 기타 유족과 그 친제 동진(東鎭) 씨는 지금 산시(山市)에 있다고 한다.

기자는 그 제씨 동진 씨에게 소개와 피해당하던 현장을 좀 보여 줄 것과 사진사 초빙할 것을 부탁한 즉, 씨는 분망한 태도로 어떤 청년 한 분을 청하여 안내하여 주기를 당부한다.

1930년 3월 11일자

백야 조문 가는 길에(5) —산시참에 특파원 김연파

김〇〇씨가 소개하여 주는 청년과 동반하여 남편(南便)으로 가게 되었다. 앞을 보니 조선 사람 사는 집이 드문드문 있다. 안내하는 청년이 손을 들어 가리키기를

저기 저 집이 금성정미소인데, 저 정미소문 앞에서 백야가 참변을 당한 것이라고
한다.

기자는 그 현장을 어서 가서 보았으면 하는 조급증이 나서 가는 걸음이 아니
가는가 하는 감이 없지 않았다. 급히 그 현장인 정미소에 도착하여 보니 쓸쓸한
벌판이다. 백야가 구경을 하다가 참변을 당한 풍차(風車)가 아직 그대로 놓여 있
는 게 백야가 참변을 당할 때에 뒤로 몇 발자국 걸어나오다가 비참이 절명(絕命)
한 것이라고 청년은 지점을 가리키며 설명하여 준다. 기자가 이 말을 들으며, 그
진경(眞景)을 멀리서 보다가 이것이 조선사람으로서야 할 일이냐 하는 비감(悲感)
이 나서 눈물이 아니 흐를 수 없었다. 그 현장과 풍차(風車)를 보고 볼수록에 백야
선생의 풍차가 연상되어 가슴이 억기(抑塞)하는 것을 참지 못한다.

모든 것이 눈에 선히 보이는 듯싶다. 흔적이 남어나 있는 듯하다. 안내하는 청
년은 그 범행을 한 박상실(朴尙實)이가 그 시(時)에 남편(南便)인 저 산으로 도주
하였다고 하면서 참사시에 동반하든 안이근 씨가 범인을 쫓아가는 동시에 이 참
변의 급보를 접한 당시 중국 육군 8, 9명이 연(連)하여 추격하였으나 범인은 저
앞에 있는 산으로 넘어가서 산중(山中)에 잠적하여 버렸으므로 얼마 동안 수색하
여 밀강(密江)으로도 달아나는 것을 계속 추격하였으나, 마침 날이 지므로서 잡지
못하고 말았다 한다.

앞에 있는 산을 내려다보니 그 산은 평평한 산인데 눈이 덮혔으며, 거리는 약
10리가량 되어 보인다. 그 산을 돌 때에 더욱이 이상한 감이 있게 된다. 시간이
급함으로 그 현장을 작별하고, 회로(回路)하게 되었다. 기자는 돌아오면서도 사진
기계를 가지고 가지 못한 것이 후회가 되었다. 그곳엔 사진사가 없음으로 돈을 주
어도 사진은 도저히 박킬 수 없었다. 사진사를 데려오려면 몇 백리를 차로(車路)
로 가서 데려온다고 함으로, 부득이 사진은 박이지 못하게 되었다.

기자는 돌아오면서 안내하던 청년에게 이곳에 사는 조선인이 몇 호(戶)나 되느
냐 물은 즉, 한 30호가량 산다고 한다. 또 재작년에는 한(韓)씨가 중국인 경영인
우전공사원(羽田公司員)에게 피살을 당하여, 일시에 사회적으로 언론이 일어났으

며, 중·한 간의 공기가 험악하여졌다고 하면서 한씨의 있는 집을 가르켜 주는데, 기자는 그 집을 볼 때에 더욱이 여러 가지 비분한 감정을 이기지 못하였다.

1930년 3월 8일자

백야 조문 가는 길에(6) -산시참에 특파원 김연파

백야의 동생 동진 씨를 방문하고, 여사로 향하면서 살펴보니 천도교 중동종리원(天道敎中同宗理院)이라는 커다란 간판이 붙어 있는 것이 눈에 띄인다. 종리원이라는 간판을 보고 퍽 반가웠다. 기자 역시 천도교 신자일 뿐더러, 북경에 있는 교우(敎友)인 신숙 씨가 이 종리원의 주임(主任) 종리사로 있다는 말을 들었던 바임으로, 그렇게 반갑고 기뻤다.

어서 가서 교우요, 동지인 신숙 씨를 만나볼 생각이 급하여 뛰어가 주인을 찾으니 나이 40세 되어 보이는 키가 훨씬 큰 건장한 분이 나와서 맞으며, 실내로 들어오라고 권함으로 실내에 들어가니 바로 종리원 사무실이다.

마저주는 분에게 인사를 통하니 그는 박경천(朴耕天)이라고 한다. 자리를 정하고, 돌아보니 두 개의 테이블이 놓여 있으며, 벽에는 교기(敎旗)가 걸려 있다. 기자는 교기를 볼 때에 이런 생각을 속으로 갖게 되었다. 우리가 만주에 와서 유리(流離)하여 돌아다니면서도 신앙을 잊지 않은 것과 이렇게 모인 장소를 만들어 놓은 데 대하여 감사한 경의를 표할 뿐더러, 그 교인(敎人)들이 이 장소를 만들어 놓기에 얼마나 노력을 하였을까 하였다. 기자는 박경천씨에게 신숙 씨를 찾은즉, 신숙 씨는 몇일 전(前)에 여행을 하였다고 한다. 기자는 퍽 섭섭하였으나 하는 수 없었다.

박씨에게 교황과 종리원 창립 이래의 경과를 들어본즉, 이 종리원에서 관할하는 교인이 80호가 된다 하면서 3작년에 신숙 씨와 박씨 등이 모여서 창립하였는데, 그 후에 찾아드는 교인이 근 100호가 된 것이라 한다. 그러나 경비문제로 교인의 발전 사업을 하지 못하고, 개인적으로도 힘을 쓰고는 싶으나, 생활에 억매여 뜻대로 되지 않는다고, 박씨는 설명을 하시나, 근간의 청년일꾼이 많이 입교하므로 교회의 일이 잘 될 것이오, 장래에는 중동선 일대에 중앙종리원을 창립하게 되리라고 한다.

기자는 한족연합회 간부 제씨가 기자면회를 청하므로 박경천 씨에게 재회를 약속하고, 나오려고 하니, 씨도 같이 나오므로 동반하여 여사로 돌아오게 되었다.

1930년 3월 13일자

백야 조문 가는 길에(7) –산시참에 특파원 김연파

박경천 씨와 동반하여 여사에 돌아온즉, 한족총연합회 간부 제씨들이 내방하였으므로, 조문행사를 마친 후에 기자는 간부 제씨에게 금번 백야선생의 참변의 감상을 물으니, 간부에 동지이며, 수십 년간 사생을 같이 하였다는 ○○씨는 슬픈 빛을 띄우고, 입을 벌린다.

"무오년에 길림에서 동삼성 한족생계회를 조직할 때에 소위 연길 화룡 왕청 훈춘 사현 북간도 대표로 갔을 때 백야를 만나서 동지로 허심하는 동시에 귀일당의 동지가 되었고, 그 익년 기미운동 시에 북간도에서 여러 동지와 같이 군정서를 조직하였으며, 그 후에 ○○군 신민부 한족총연합회 등 기관을 조직하여 같이 일한 것은 물론이니 그는 나와 사생의 동지였습니다. 그 탁월한 지도력과 비범한 지략에는 누구나 탄복하였습니다. 이제 이 경우를 당하여 후사자(後事者)의 책임으로 여러 동지들은 분투할 것입니다."고 하며, 그 후로 백야와 씨는 연세도 동갑이며, 십년 이상을 동거 동락하였다고 하면서 말을 마친다.

그 다음에 농무협회 위원 강희(康熙) 씨도 또한 비분한 강개한 어조로 뒤를 잇는다. "백야는 민족을 위하여 수십 년 애쓰던 동지올시다. 이제 이렇듯이 애절통분한 최후를 목도하니, 참 말이 아니옵니다. 그러나 그 동지들은 전부 다 분발할 것이니, 오직 우리에 일이 촉성될 것입니다."하며, 기자가 멀리서 온 것에 감사하여 준다.

그 외에 동회 집행위원 이강훈 씨도 "물론 와신 종신을 바란 것은 아니지만, 그에 갚진 희생이 너무도 통분해서 말입니다. 그러나 우리의 사업을 위하여는 결코 애통치는 않습니다. 그에 몸은 이 세상을 떠났으나, 그에 하던 사업 그의 가졌던 사상은 살아 있습니다. 그러므로 이번 사업에 자극된 그 무엇이 있다며 이로부터 교훈을 삼아 그에 일생에 하던 사업을 더 열심히 하여 모든 일을 잘해야 되겠다는 결심입니다"고 운운하였다.

1930년 3월 14일자

| 참고할 만한 관련 논저 소개 |

박 환, 『대륙으로 간 혁명가들』, 국학자료원, 2003

_____, 『만주한인민족운동사연구』, 일조각, 1991

독립운동사편찬위원회, 『독립운동사』 5, 국가보훈처, 1973

박영석, 『한 독립군 병사의 항일전투』, 박영사, 1984

_____, 「백야 김좌진장군 연구」, 『국사관논총』 51, 1995

박창욱, 「김좌진장군의 신화를 깬다」, 『역사비평』 계간 24호, 역사비평사,
　　　1994년 봄호

신용하, 『한국민족독립운동사연구』, 을유문화사, 1985

윤병석, 『독립군사 : 봉오동 청산리의 독립전쟁』, 지식산업사, 1990

이범석, 『한국의 분노 : 청산리 혈전 실기』, 광창각, 1946

_____, 『우등불』, 사상사, 1971

이성우, 『김좌진-만주 항일무장투쟁의 신화』, 역사공간, 2011

장세윤, 『봉오동 청산리 전투의 영웅 : 홍범도의 독립전쟁』, 역사공간,
　　　2007

전옥진, 『백야 김좌진장군 전기』, 홍성군, 2001

황민호, 「북만에서 쓰러진 항일무장투쟁의 거인」, 『한국근현대인물강의』,
　　　국학자료원, 2007

■ **저자소개**

박 환(朴 桓)
경북 청도 출생
휘문고등학교 졸업
서강대학교 사학과 졸업(문학박사)
수원대학교 사학과 교수(1986~)
한국민족운동사학회 회장 역임

〈주요 저서〉

『만주지역 민족통합을 이끈 지도자, 정이형』, 역사공간, 2015.
『박환교수와 함께 걷다, 블라디보스토크』, 아라, 2014.
『만주한인민족운동의 재발견』, 국학자료원, 2014.
『사진으로 보는 러시아지역 한인의 삶과 기억의 공간』, 민속원, 2013.
『민족의 영웅, 시대의 빛 안중근』, 선인, 2013.
『김좌진 평전』, 선인, 2010.
『강우규 의사 평전』, 선인, 2010.
『박환교수의 만주지역 한인 유적답사기』, 국학자료원, 2009.
『러시아지역 한인언론과 민족운동』, 경인문화사, 2008.
『박환교수의 러시아 한인 유적답사기』, 국학자료원, 2008.
『시베리아 한인 민족운동의 대부 최재형』, 역사공간, 2008.
『경기지역 3·1독립운동사』, 선인, 2007.
『식민지시대 한인아나키즘운동사』, 선인, 2005.
『잊혀진 혁명가 정이형』, 국학자료원, 2004.
『대륙으로 간 혁명가들』, 국학자료원, 2003.
『20세기 한국근현대사 연구와 쟁점』, 국학자료원, 2001.
『재소한인민족운동사』, 국학자료원, 1998.
『러시아 한인 민족운동사』, 탐구당, 1995.
『나철 김교헌 윤세복』, 동아일보사, 1992.
『만주 한인 민족운동사 연구』, 일조각, 1991.